Soziale Arbeit in der Wende - Band 18

Mark Ostenrieder, Michael Weiß

ERLEBEN - LERNEN - KOOPERIEREN

Mark Ostenrieder
Michael Weiß

ERLEBEN - LERNEN - KOOPERIEREN

Innovation durch erfolgreiches Miteinander

Soziale Arbeit in der Wende, Band 18

Die Deutsche Bibliothek - CIP-Einheitsaufnahme

Ostenrieder, Mark:
Erleben - lernen - kooperieren : Innovation durch erfolgreiches Miteinander / Mark Ostenrieder ; Michael Weiss. - 1. Aufl. - München : Fachhochschulschr. Sandmann, 1994
(Soziale Arbeit in der Wende ; Bd. 18)
ISBN 3-929221-15-2
NE: Weiss, Michael:; GT

Verlag Fachhochschulschriften
Prof. Dr. Jürgen Sandmann
Berberichweg 8 · 81245 München

1. Aufl. März 1993

Umschlaggestaltung Michael Zeitler

Druck und buchbinderische Verarbeitung Kessler Verlagsdruckerei
Michael-Schäffer-Str. 1, 86399 Bobingen

ISBN 3-929221-15-2

Inhaltsverzeichnis

Einführung

Eine wesentliche Erkenntnis unserer Zeit ist die Akzeptanz der Bedeutung der beruflichen, wie die der privaten Weiterbildung für die Gesellschaft im allgemeinen und im besonderen für die Entwicklung unserer im harten Wettbewerb stehenden Wirtschaft.

Die Wirtschaft befindet sich durch die rasch voranschreitenden Veränderungen auf technischem, wirtschaftlichem und sozialem Gebiet im Wandel. Fachliche Qualifikationen veralten in immer kürzeren Intervallen. Arbeitnehmer, die im Arbeitsprozeß stehen, müssen miterleben, daß viele Qualifikationen nicht mehr ein Leben lang halten. Die Unternehmen müssen, um auf den nationalen und internationalen Märkten konkurrenzfähig zu bleiben, auf diese Veränderungsprozesse eingehen und schnell reagieren.

Aufgrund dieser Tatsachen sind die Unternehmen gezwungen, ihre Mitarbeiter durch geeignete Weiterbildungsmaßnahmen auf die geänderten fachlichen Anforderungen einzustellen und sie zu befähigen, auf Umstrukturierungen flexibel und problemangemessen zu reagieren.

Einhergehend mit den technischen Veränderungen und Neuerungen hat sich auch ein Wandel in den Arbeitsformen vollzogen.
Im heutigen Bewußtsein hat die Teamarbeit eine Bedeutung erlangt, die vor 20 Jahren nur wenige ahnten. Die Teamarbeit ist heute für jeden ein Begriff, sie ist eine junge Aktionsform mit hohem Wirkungsgrad. Die Anzahl der Unternehmen, die betriebliche Aufgabenstellungen in Teams lösen, nimmt stark zu. Der Teamarbeit gehört die Zukunft. Die Teamarbeit setzt jedoch Teamfähigkeit voraus. Diese wiederum ist nicht bei jedem im gleichen Maße ausgeprägt vorhanden. Für eine erfolgreiche Zusammenarbeit mit Kollegen und Kolleginnen sind spezifische soziale Qualifikationen notwendig, unabhängig davon, ob es sich um einen privatwirtschaftlichen Betrieb oder ein Non-Profit-Unternehmen handelt.

Die gängigen beruflichen Fort- und Weiterbildungen mit ihren standardisierten Lernprogrammen und Übungsfolgen fordern den einzelnen nicht als ganze Person. Sie sind mit ihren rezeptiven Lehr- und Lernmethoden zumeist an einen engen Rahmen der Wissensvermittlung gebunden.

Unsere These lautet, daß es erforderlich ist, diesen Rahmen zu überschreiten. Handlungsorientierte, insbesondere erlebnispädagogische Ansätze zur Vermittlung außerfachlicher Qualifikationen können heute die zunehmend höheren Anforderungen erfüllen.
Mit Hilfe der Erlebnispädagogik nach Kurt Hahn, wollen wir in dieser Arbeit die Möglichkeiten des handlungsorientierten Ansatzes zur Vermittlung dieser Qualifikationen aufzeigen.

Erlebnispädagogik kann einerseits als Zusatzangebot die rezeptiven Lernmethoden verstärken, indem sie den einzelnen als ganze Person fordert. Andererseits braucht die Erlebnispädagogik keine traditionellen Ansätze um ihr Ziel, die Vermittlung außerfachlicher Qualifikationen, zu erreichen.
Durch die Auseinandersetzung mit sich selbst, den anderen Kursteilnehmern und der gegebenen Umwelt erlebt der Teilnehmer die Konsequenzen seines Handelns und muß unmittelbar reagieren.

Während der erlebnispädagogischen Maßnahme werden die Teilnehmer in Situationen versetzt, in denen sie individuelle, gruppen- und tourenspezifische Entscheidungen treffen müssen. Da diese Situationen in ihrer Besonderheit immer unterschiedlich sind, werden die Teilnehmer von den neuen Gegebenheiten überrascht, zugleich aber auch herausgefordert, diese gemeinsam zu überwinden.

Die Erlebnispädagogik schafft also Situationen, die überraschen und herausfordern und somit **zu Erlebnissen führen. Dadurch werden** letztendlich völlig **neue Erfahrungen möglich.**

Solche Situationen werden jedoch nur erreicht, wenn verschiedene Bedingungen erfüllt sind.

Zum ersten muß die "Ganzheitlichkeit" des Erlebens möglich gemacht werden. Das kognitive "Aha", das affektiv- emotionale "Donnerwetter" und die körpermotorische Entspannung müssen eine situative Einheit bilden.
Zum zweiten ist das Moment der Unmittelbarkeit zu beachten.
Situationen werden nur dann zum Erlebnis, wenn deren "offener" Anfang und deren "gedeutetes" Ende zeitlich nicht zu weit auseinander liegen.
Und drittens der wichtigste Punkt:
Die Versuche des einzelnen, die neuen und offenen Situationen zu deuten, müssen kontinuierlich pädagogisch begleitet werden.[1]

Die Kriterien der Erlebnispädagogik lassen sich wie folgt zusammenfassen:
- die Interaktion und das daraus folgende handlungsorientierte Lernen stehen im Vordergrund,
- die Grenzerfahrungen, seien sie psychisch oder physisch, werden durch entsprechende Möglichkeiten der Grenzerkundung geschaffen,
- viele erlebnispädagogische Maßnahmen finden im Freien statt, sind sogenannten "Outdoor- activities". Hier werden Erlebnisse vermittelt, die von den Teilnehmern oft als unberechenbar und unvorhersehbar angesehen werden,
- das Risiko der Maßnahme ist kalkulierbar,
- der Handlungsraum ist die Natur, dementsprechend müssen Kenntnisse über die Natur, wie sie beschaffen ist und wie man mit ihr umgehen muß, durch die Erlebnispädagogik vermittelt werden.[2]

Auf den ersten Blick wirkt eine erlebnispädagogische Maßnahme im Rahmen einer beruflichen Fortbildung für viele wie ein Urlaub, den die Betriebsleitung für besondere Verdienste vergibt.
Daß es sich hierbei um eine ernst zu nehmende Form der Weiterbildung handelt, bei der pädagogisch gearbeitet wird und die Kursteilnehmer in einem intensiven, interaktiven Lernprozeß stehen, wird oft übersehen.
Bei erlebnispädagogischen Maßnahmen sollen Grenzerfahrungen gemacht werden, die zu Bewußtseins-und Verhaltensänderungen anregen.

Betriebe, die zunehmend Schwierigkeiten mit dem Sozialverhalten und der Kollegialität ihrer Mitarbeiter/innen haben, können von solch einer Art des Sozialtrainings positive Konsequenzen erwarten, die im Alltag des Betriebslebens ihre Anwendungen finden werden.

Es läßt sich also erkennen: Erlebnispädagogik ist nicht nur eine Mode, sondern dahinter steckt auch Methode,[3] zur Optimierung der Wirkung durch gemeinsames Handeln.

Zur Zeit werden von vielen Anbietern (Reisebüros etc.) Reisen angeboten, die sich an Begriffen wie Erlebnis, Abenteuer und Erfahrung orientieren.
Doch nicht jede Tour, sei es eine Schlauchbootfahrt oder ein Segeltörn, ist praktizierte Erlebnispädagogik.

Sicherlich sind diese Aktionen aufregend und beinhalten ein Erlebnis, ein Abenteuer sowie Erfahrungen. Aber was geschieht mit dem einzelnen während und am Ende solch einer Aktion?
In den wenigsten Fällen werden derartige Maßnahmen pädagogisch vor- und aufbereitet und in diesem und im bereits genannten Sinne auch betreut.

Wir sind im Verlaufe unserer fachlichen Biographie verstärkt mit den Bereichen Erlebnispädagogik, Erwachsenenbildung und betriebliche Sozialarbeit in Berührung gekommen.
In den letzten Jahren haben wir immer wieder praktische Erfahrungen im Bereich des sozialen Lernens mit Jugendlichen und Auszubildenen auf erlebnispädagogischen Touren gesammelt.
Hierbei enstand unser Gedanke, erlebnispädagogische Maßnahmen auch für Erwachsene einzusetzen. Wir würden uns freuen, wenn Sie als Leser unsere gedanklichen Suchbewegungen begleiten würden.

An dieser Stelle möchten wir uns noch einmal ganz herzlich bei all jenen bedanken, die uns bei der Bearbeitung dieses Buches so tatkräftig unterstützt haben.

Im ersten Kapitel beschäftigen wir uns mit den Möglichkeiten der Erlebnispädagogik nach Kurt Hahn. Anhand von Beispielen verdeutlichen wir, welche Lernchancen und Qualifikationen für den einzelnen möglich sind. Hintergrundinformationen zur Erlebnispädagogik haben wir für Interessierte, die bisher damit noch nicht in Berührung kamen, in einzelnen grauschattierten Textkästen beigefügt. Diejenigen, die mit dieser Materie vertraut sind, können sich dadurch beim Lesen des Kapitels auf anderes Wesentliche konzentrieren.

Anschließend soll im zweiten Kapitel darauf eingegangen werden, warum es für eine moderne Organisation und Unternehmung erforderlich ist, ihren Mitarbeitern persönlichkeitsbildende Anregungen zu vermitteln und Kooperationsfähigkeit zu schulen.

Im dritten Kapitel soll die erlebnisorientierte Teamentwicklung anhand einer praxisnahen Vorgehensweise verdeutlicht werden. Es wird ein Praxisbezug durch Beispiele hergestellt und exemplarisch Hilfsmittel angeboten.

Der Transfer der erworbenen Erkenntnissen in den beruflichen Alltag und in das Privatleben wird im vierten Kapitel behandelt. Ebenso werden an dieser Stelle die möglichen Schwierigkeiten, die bei dem Transfer auftreten können, angesprochen.

Im fünften Kapitel sollen konkrete Maßnahmen zur erlebnisorientierten Teamentwicklung in der Praxis vorgestellt werden.

Abschließend greifen wir im sechsten Kapitel die Transferproblematik auf und bemühen uns die Schwachstellen des Prozesses Erleben - Lernen - Kooperieren auszuleuchten.

KAPITEL 1:

Lernen durch Erleben

Lernfeld Gesellschaft

Der Mensch wird von Geburt an durch sein Umfeld geprägt. Er erwirbt aufgrund dieser Sozialisation ein Repertoire an Handlungsstrategien, das im Normalfall ausreicht, um sich in seiner Lebenswelt zurecht zu finden und in ihr zu handeln. Diese Lebenswelt erscheint zunächst selbstverständlich, da es der täglich spürbare Alltagszusammenhang ist. Es ist die Umgebung, in der das Kind seine Erfahrung macht und seine Anschauung von der Welt, wie auch seine Identität aufbaut.
Die Anschauung der Welt, die Identität des einzelnen und die erfahrene Lebenswelt sind also eng miteinander verzahnt und voneinander abhängig.
Der Mensch ist in seinen Gedanken und Handlungen nur bedingt frei, er kann sich nur innerhalb des ihm zur Verfügung stehenden Handlungsspielraumes seiner Lebenswelt, bewegen.
Diese Begrenztheit bietet dem einzelnen soziale Sicherheit und Berechenbarkeit, da die anderen Akteure seines sozialen Umfeldes gleiche oder ähnliche Orientierungen, Handlungskonzepte und -strategien verwenden.

Der Handelnde kann zunächst davon ausgehen, daß der Aufbau und das Funktionieren seiner Strategien heute noch so sind, wie es gestern der Fall war und die heute noch erfolgreiche Handlung zur Bewältigung einer sozialen Situation morgen noch ebenso effektiv einzusetzen ist[4].

Auf Ausschnitte uns formender Lebenswelten treffen wir überall, sei es in Familie, Beruf, Freizeit oder Nachbarschaft. Es sind Bereiche des alltäglichen Miteinanders, in denen der Mensch soziale Fähigkeiten, Kenntnisse und Wissen erwirbt, seine Persönlichkeit aufbaut und fortentwickelt.

Der Mensch lernt seine Lebenswelt bis zu jenem Grade zu verstehen, "...der nötig ist, um in ihr handelnd auf sie wirken zu können. Jeder Schritt meiner Auslegung der Welt beruht jeweils auf einem Vorrat früherer Erfahrung. Sowohl meiner eigenen unmittelbaren Erfahrung als auch solcher Erfahrungen, die mir von meinen Mitmenschen, vor allem meinen Eltern, Lehrern und anderen übermittelt wurden. Alle meine Erfahrungen in der Lebenswelt sind auf dieses Schema bezogen, so daß mir die Gegenstände und Ereignisse in der Lebenswelt von vornherein in ihrer Typenhaftigkeit entgegentreten. Jedes lebensweltliche Auslegen ist ein Auslegen innerhalb eines Rahmens von bereits Ausgelegtem, innerhalb einer grundsätzlich und dem Typus nach vertrauten Wirklichkeit. Ich vertraue darauf, daß die Welt, so wie sie mir bekannt ist, weiter so bleiben wird, und daß folglich der aus meinen eigenen Erfahrungen gebildete und der von Mitmenschen übernommene Wissensvorrat weiterhin seine grundsätzliche Gültigkeit beibehalten wird."[5]

Lebensweltheoretiker sprechen hierbei von "Alltagswissen" als einer "natürlichen" Einstellung, in der wir die Welt um uns als unproblematisch wahrnehmen.

Das Alltagswissen, das auch auf Erlebnissen beruht, liefert uns demnach ein Bild unserer individuellen Umwelt,
"das, weil es vertraut ist, uns Verhaltenssicherheit verleiht und von dem wir im jeweiligen Augenblick überzeugt sind. In diesem Bild drückt sich für uns jeweils die Wirklichkeit aus, so wie wir sie als gegeben hinnehmen. Das Alltagswissen über die Lebenswelt ist daher nicht etwas subjektiv beliebiges, sondern ein dem Handelnden, durch die Strukturen seiner Umwelt, aufgedrängtes Muster dieser Wirklichkeit."[6]

So lange wir auf der Basis des Alltagswissens, bzw. unserer subjektiven Wirklichkeit handeln,
"wenden wir routinehaft Regeln zur Bewältigung bekannter Handlungsprobleme an, ohne uns jeweils bewußt Rechenschaft über die Angemessenheit und Richtigkeit der Regeln abzulegen."[7]

Das Alltagswissen und die daraus resultierenden Verhaltensroutinen beruhen also auf den Erlebnissen in der Umwelt. Diese sind daher mitverantwortlich bei der Aneignung des jeweiligen Verhaltensrepertoires.

Nun befinden wir uns in unserem Jahrhundert mitten in einem Strukturwandel, der alle Lebensbereiche gleichermaßen betrifft. Wir erleben Veränderungen auf technischem und wirtschaftlichem Gebiet. Gerade die Wirtschaft steht unter enormen Veränderungsdruck. Durch die rasch voranschreitende technische Entwicklung, besonders auf dem Gebiet der Kommunikationsmedien und der Mikroelektronik werden Informationsverarbeitung und Informationstransfer beschleunigt. Mit den technischen Veränderungen und Neuerungen geht die gesellschaftliche Entwicklung einher. Einstellungen, Haltungen und Bedürfnisse der Menschen in allen Lebensbereichen werden zunehmend vielfältiger und komplexer und ihre Veränderung wird in immer rascherer Folge notwendig. Es genügt der Gesellschaft und insbesondere der Wirtschaft nicht mehr, das Lernen im Erwachsenenalter dem Zufall und der individuellen Beliebigkeit zu überlassen.

Also müssen in der tertiären Sozialisation, der Sozialisation im Erwachsenenalter, die in der primären Sozialisation erworbenen Kompetenzen und Persönlichkeitsmerkmale individuell ausgeformt und erweitert werden. Hier kann die Erlebnispädagogik gezielt helfen.

Grundlagen der Mangelthesen und Erlebnistherapie

Kurt Hahn, der Gründer der Erlebnistherapie baute seine Pädagogik auf Mißständen der damaligen Gesellschaft auf. In der von ihm als "krank und korrupt" diagnostizierten Gesellschaft sah Hahn die Notwendigkeit seiner Pädagogik für gekommen.
Vor allem die Lebensphase der Jugend, die seiner Meinung nach in der modernen Gesellschaft als noch nicht Erwachsen und nicht mehr als Kind und damit als eine unvollständige Periode betrachtet wird, bedarf in Hahns Augen der Selbstfindung und Selbstverwirklichung. Mit diesen Grundgedanken versuchte Hahn die Pädagogik seiner Zeit zu reformieren. Er ging von vier Verfallserscheinungen aus, die sich auf dem Boden der "modernen Welt" ausbreiten. [8]

-**"Verfall an menschlicher Anteilnahme, Erbarmen und Hilfsbereitschaft."** Ihn führte er auf die Schnellebigkeit des modernen Lebens zurück. Die Gier nach permanenter Veränderung vermindert die Fähigkeit zu echtem, tiefem Mitgefühl.
Die persönliche Verantwortung und das Erbarmen werden immer mehr von Organisationen und Institutionen ersetzt, so daß der einzelne Mensch unangenehmen Situationen ausweichen kann.

-**"Verfall an Selbstinitiative."** Fehlende Selbstinitiative zeigt sich immer mehr an einer umsichgreifenden Konsumhaltung. Der Mensch, vor allem der Jugendliche, lebt von "Second-Hand-Eindrücken". Ein zunehmendes "Sich-Gehen-Lassen" und eine Verweigerung gegenüber jeglicher Herausforderung, die aktives Tun verlangt, sind die Folgen, einer wie, Hahn sie nannte, "Spektatoritis" oder Zuschauerkrankheit.

-**"Verfall der Sorgsamkeit."** Dieser äußert sich für Hahn in einer verminderten Konzentrationsfähigkeit und zurückgehender Bereitschaft zu genauem Arbeiten. Die Achtung vor den Dingen und der pflegliche Umgang mit den Dingen verfällt mit dem Niedergang des Handwerks.

- Einhergehend damit diagnostizierte Hahn eine weitere Mangelerscheinung, nämlich den **"Verfall der körperlichen Tauglichkeit."** Zurückgeworfen auf die Rolle des Zuschauers werden eigene sportliche Aktivitäten auf ein Minimum reduziert. Die körperliche Leistungsfähigkeit verkümmert, körperliche und geistige Trägheit greifen immer mehr um sich.

Diesen Mangelerscheinungen setzte Hahn seine Erlebnistherapie entgegen, deren Grundlagen und Erkenntnisse auf Reformpädagogen und Nichtpädagogen aufbauten.[9]
Es war für ihn wichtig, daß die Grundgedanken seiner Pädagogik positive Auswirkungen auf die Entwicklung der jeweiligen Persönlichkeit haben.

Er war der Ansicht, daß nicht die Dauer eines Erlebnisses für den Lernerfolg entscheidend ist, sondern das Maß der Intensität und das persönliche Engagement. Ein Erlebnis und der daraus resultierende Erfolg oder Mißerfolg haben lerntheoretisch nur Einfluß auf den Jugendlichen, wenn sie prägend genug sind. Nur dann bleibt die Erfahrung in der Erinnerung und kann dem Jugendlichen in entscheidenden Augenblicken seines späteren Lebens helfen.[10]

Daher sollten die Erlebnisse dem Jugendlichen nicht zufällig widerfahren, sondern Teil eines pädagogischen Gesamtplanes sein. [11]

Ebenso hielt er Platos Idee "der Nachahmung und Übung" für einen entscheidenden Faktor im Bereich des Lernens.
Dabei ging es ihm um die Erzeugung von zwei wesentlichen Gewohnheiten:

1. das Umsetzen von Gefühlen in echte Tathandlungen und

2. die Gewohnheit der Selbstüberwindung.

"Denn diese positiven, oft latenten Eigenschaften und Empfindungen sollten schließlich in, moderner gesprochen, verfügbare Verhaltensweisen überführt werden können."[12]

Daraus folgen seine zwei Erziehungsziele:
- die Charakterförderung des Menschen und
- die Erziehung des Menschen zu verantwortungsvollem Denken und Handeln in einer auf freiheitlich-demokratischer Grundlage aufbauenden Gemeinschaft. Dies soll durch die Auseinandersetzung mit sich selbst und der Umwelt von statten gehen.

Seine Schule in Salem sollte durch ein "forderndes Gemeinschaftsleben" die an den Staatsschulen zumeist einseitige Betonung von Unterricht und Belehrung überwinden.

Als Resultat seiner Überlegungen führte Hahn in seiner Schule zusätzlich zu dem normalen Unterricht vier grundlegende Aktivitäten ein, von denen er annahm, daß sie den Mängeln der modernen Gesellschaft und den entwicklungsbedingten Schwächen des Jugendlichen entgegenwirken.

Die Wirksamkeit dieser vier Aktivitäten besteht in der direkten Verzahnung miteinander.

1. Körperliches Training
2. Expedition
3. Projekt
4. Rettungsdienst

Zu 1. Das körperliche Training

Es dient dazu den Verfall der körperlichen Leistungsfähigkeit zu verhindern.
Als erlebnispädagogisches Element soll es Vitalität, Kondition, Mut und Überwindungskraft steigern.[13]
Die Jugendlichen sollen durch die Übung das Erlebnis der Selbstüberwindung und Selbstentdeckung erfahren. Durch das Erspüren der eigenen verborgenen Möglichkeiten und die erfolgreiche Bewältigung neuer Situationen soll der Jugendliche Selbstvertrauen gewinnen.

Zu 2. Die Expedition

Sie soll dem Verfall der Initiative entgegenwirken. Sie soll die Entschlußkraft und die Überwindungskraft fördern. Der Jugendliche wird hier als ganze Person gefordert.[14]

Zu 3. Das Projekt

Hierdurch wird das Planen und Entscheiden in Richtung auf ein vorgegebenes Ziel angestrebt. Es stellt eine Aufgabe im handwerklichen, technischen oder geistigen Bereich dar, die Sorgsamkeit und Geduld erfordert und eine Entfaltung der Selbständigkeit, Kreativität und Musikalität fördern sollte.[15]

Zu 4. Der Rettungsdienst

Er ist für Kurt Hahn wohl das wichtigste Erziehungsmittel, weil der Jugendliche durch den Einsatz seiner eigenen Existenz für das Wohl des Nächsten ein ganz neues Lebensverständnis entwickelt.[16] Die eigentliche charakterbildende Wirkung sieht Hahn, wie bereits erwähnt, im Zusammenspiel der vier Elemente, wobei das Erleben immer im Vordergrund steht. Es beruht nicht auf Zufall, sondern ist das Produkt eines zielgerichteten Planes.
Durch die so gestalteten Erlebnisse entstehen bei den jungen Menschen unauslöschliche Erinnerungen, die wiederum in entscheidenden Augenblicken ihres späteren Lebens als Kraftquelle dienen können.

Persönlichkeitsmerkmale wie Spontaneität und Kreativität, Entwicklung von Eigeninitiative, Entdeckung von verborgenen Fähigkeiten und Stärken und daraus resultiernd der Aufbau von Selbstvertrauen, Selbstwertgefühl und Selbstverantwortung für getroffene Entscheidungen, werden bei diesen Maßnahmen gezielt aktiviert.
Durch diese Persönlichkeitsentwicklung und durch das soziale Lernen in der Gruppe steht die Menschwerdung im Vordergrund. Den Jugendlichen wird die Möglichkeit geboten, sich in neuem Licht zu sehen und andere neu kennenzulernen.

Die Gegenwartsnähe der Hahn'schen Verfallsthesen

Vergleicht man die aufgeführten Mangelerscheinungen mit den gesellschaftlichen Entwicklungen und ihren Auswirkungen auf den den einzelnen heute, so zeigt sich, daß sie an Aktualität nichts verloren, sondern eher an Brisanz zugenommen haben.
Der Unterschied, der sich dabei abzeichnet ist, daß heute nicht nur die Jugendlichen, sondern durchgehend alle Alterstufen von diesen Mangelerscheinungen betroffen sind.

Angesichts der zunehmenden Ausgrenzung und der damit einhergehenden Isolation vieler Menschen, vor allem der sozial Schwächeren, der Alten, Behinderten, Arbeitslosen und Ausländer wird der Verfall menschlicher Anteilnahme deutlich.

Gewachsene gesellschaftliche und soziale Strukturen befinden sich teilweise im Zustand der Auflösung. Das Zusammenleben und die soziale Vernetzung der Einwohner verändern sich aufgrund des Strukturwandels in privaten, beruflichen und politischen Bereichen. Betrachtet man beispielsweise die Wohnsituation in den Ballungszentren, die vielfach durch Wohnviertel geprägt sind, die Wohnsilos gleichen, wird verständlich, warum zwischenmenschlicher Austausch verloren geht. Er muß in mühevoller Kleinarbeit belebt werden, aber all zu oft bleibt es bei dem Vorsatz. Die Folgen der Auflösung gewachsener Strukturen und des Mangels an sozialen Kontakten sind Resignation und Vereinsamung.

Matthias Weinholz begreift diese Entwicklung als "Separation im Großformat". Er führt dazu aus:

"Nun hingegen haben wir Gegenden, die zu siebzig Prozent von Pensionären bewohnt sind, Neubauviertel, bei denen fast kein Einwohner älter als fünfundvierzig Jahre alt ist, oder Wohnviertel, deren Einwohner zehn verschiedene Sprachen sprechen,
Wir erleben also eine Separation im Großformat, die diese wichtigen Kontakte und sozialen Beziehungen zwischen den Generationen und unterschiedlichen Bevölkerungsgruppen nahezu unmöglich macht."[17]

Auch Fridolin Kreckel befaßt sich in seinem Artikel "Miteinander etwas tun - sozialpsychologische Hinweise zur Erlebnispädagogik" mit den Strukturen industrieller Gesellschaften, wobei er eine soziologische und eine (sozial)psychologische Erscheinungsform als wesentlich für Auswirkungen auf das Sozialverhalten benennt:

- den "immer noch zunehmenden Verfall gewachsener Systeme, wie lebenslange Nachbarschaften"
und
- "das zunehmende Bedürfnis nach Individualität, Selbstsein, Verwirklichung der eigenen Lebensziele. Die Fähigkeit zu Bindungen und Solidarität schwächt sich im selben Maße ab."[18]

Diese Veränderung der Sozialcharaktere ist zurückzuführen auf die unterschiedlichen Funktionsweisen von integrierten Klein- bzw. separierten, leistungsorientierten Großstrukturen.

War früher die gegenseitige Hilfe und Unterstützung eine funktionale Selbstverständlichkeit, so sind heute zunehmender Egoismus und daraus resultierendes Konkurrenzverhalten funktionale Verhaltensweisen. Dies gilt auch für die Formen des Egoismus, die die fehlende Kompromißbereitschaft und mangelnde Solidarität als Selbstverwirklichung kaschieren.

Als weitere Konsequenz der Struktur von industriellen Großorganisationen ist festzustellen:
Persönliches Engagement wird durch Institution und Administration überflüssig gemacht, der einzelne wird zunehmend von der Pflicht zur Gestaltung seiner Umwelt entbunden.

Die zunehmende Pluralisierung der Lebenslagen und die Individualisierung der Lebensführung wirken sich immer negativer auf unser soziales Umfeld aus.

Es lassen sich zahlreiche weitere Entwicklungen, die eine aktuelle Nähe zu den Hahnschen Verfallsthesen aufweisen, auflisten:

1. Der Verfall von Sorgsamkeit und Werten als Folge des Massenkonsums in der heutigen Gesellschaft.
Durch ein Überangebot an Produkten wird dem einzelnen der sorgsame Umgang mit den Dingen nicht mehr abverlangt. Vielmehr wird er immer wieder durch Werbung usw. aufgefordert, Neues zu kaufen und zu konsumieren. Ökonomisch betrachtet ist dieses Verhalten aufgrund der Ankurbelung des Güter- und Geldkreislaufes sinnvoll. Allerdings verliert dabei der einzelne und damit auch die Gesellschaft den Bezug zum Wert des konkreten Produkts, denn dieses läßt sich allzuleicht ersetzen.

2. Der Verfall der körperlichen Funktionen, unterstützt durch Medien, Telekommunikation, Fortbewegungsmittel, nimmt zu.
Vor allem die Medien übernehmen dabei auch mehr und mehr eine Ersatzfunktion für Erleben, sie sind Ausdruck und Betreiber des Nicht-Selbst-Erleben-Könnens. Durch das Vorhandensein von Video- und Fernsehgeräten in jedem Haushalt ist es für den einzelnen leicht Stellvertreter-Erlebnisse zu haben, indem er sich beispielsweise mit dem Helden eines Films oder Video Clips identifiziert. Hierbei werden sogenannte "Second-Hand-Erfahrungen" gemacht. Wird es allzu unangenehm, kann man sich durch ab- oder umschalten der jeweiligen Situation entziehen.
Es werden keine unmittelbaren, das eigene Ich direkt betreffende tatsächlichen Erfahrungen gemacht.

3. Die körperliche Leistungsbereitschaft und damit verbunden die Leistungsfähigkeit verlieren immer mehr an Bedeutung. Durch Technisierung und Automation im Berufsalltag geht der Anteil an körperlicher Arbeit zurück und reduziert sich auf einseitige Belastungen.

Durch die Monotonie der Arbeit wird die Einseitigkeit unterstützt. Dies zeigt sich deutlich in den Ergebnissen arbeitsmedizinischer Untersuchungen bei einzelnen Berufen. Es wird in diesem Zusammenhang unter anderem von arbeitsspezifischen Erkrankungen gesprochen.[19]

Zwar ist es zur Mode geworden, sich in unserem "kollektiven Freizeitpark Deutschland"[20] in seiner Freizeit sportlich zu betätigen, aber wie lange hält dieser Boom an und welche Folgen hat er für zwischenmenschliches Zusammenleben für Natur und Umwelt?
Wird Sport nun betrieben, weil es gerade Mode ist?
Welche gesellschaftlichen Mechanismen begründen und steuern derartige Bedürfnisse?

4. Weiterer Teilaspekte heutiger Entwicklungen sind der Rückgang der Wahrnehmung und das Schwinden der Sinne. Verstärkt wird dieser Vorgang durch synthetische Lebensorganisation und kunstvolle Arrangements, fernab von den natürlichen Gegebenheiten und dem Verständnis, sich als Teil eines natürlich zusammenhängenden Ganzen zu begreifen.

Auch hier ist festzuhalten:
Je stärker die Wahrnehmungsfähigkeit des Menschen in unserer Welt vereinseitigt wird, um so wichtiger ist ihre Erweiterung durch reflexibles Erleben und Erlebnisse.[21]

Grundlagen der Erlebnispädagogik

Entstehung und Hintergrund

1920 gründete Kurt Hahn zusammen mit Max von Baden die erste Internatsschule in Schloß Salem. Hierbei vereinigte er Ansätze und Ideen von Pädagogen und Nichtpädagogen die, wie er dachte, für die Entwicklung der Jugendlichen von Nutzen seien.

Die Vielfalt der Ideen und Ansätze zeigt sich deutlich, als Max von Baden nach der Besonderheit der Schule gefragt wird und folgendermaßen antwortet:

"Hier ist alles gestohlen, und das ist gut so, von Hermann Lietz, der wie kein anderer wagte, Jungen zu Mitträgern der Verantwortung zu machen, von Goethe, von den englischen Public Schools, von den Boy Scouts, von der deutschen Jugendbewegung nach den Freiheitskriegen, von Plato. Sie werden nichts finden, wovon wir sagen können: das haben wir entdeckt."[22]

Die Grundlagen wurden von Kurt Hahn umgesetzt und weiterentwickelt. Kurt Hahns Kritik gilt der Erziehung und der Ausbildung in der Schule. Diese Institutionen vermitteln zwar Wissen und Fachkenntnisse, vernachlässigen aber die Bildung der Persönlichkeit. Gerade letzteres ist heute immer mehr ein Faktor auf dem Bildungsmarkt.

Seine Kritik setzte Hahn in ein Konzept der Erlebnispädagogik um. Er verstand sich als Teil der reformpädagogischen Bewegung, die um die Jahrhundertwende enstand. Er ging davon aus, daß in der Erziehung nicht mehr die bloße Wissensvermittlung, sondern die Bildung der Gesamtpersönlichkeit des Schülers anzustreben sei.
Gegenstand von Hahns Pädagogik war der Mensch in seiner Ganzheit, verstanden als Geist, Körper und Seele. Sein ganzheitlicher Ansatz versucht Selbstverwirklichung und soziale Verantwortung mit Bezug auf demokratische und humanitäre Lebensziele zu verknüpfen.

Er soll den Jugendlichen willensstark und sensibel, weltoffen und patriotisch, selbständig und kooperativ machen.
Sein Erziehungsideal war der tatkräftige, humanitär gesinnte Mensch, dessen Bewährungsraum Gemeinschaft und Staat sind.
Aber es ging auch darum Courage zu schaffen, das als "Recht" Erkannte durchzusetzen, auch auf die Gefahr hin dadurch Unanehmlichkeiten zu erfahren.
Hahn war der Meinung, daß der, der handelt und handelnd lernt, sich eher an Situationen erinnern kann, als der, der passiv bleibt.

Seine Kritik galt, wie gesagt, der Erziehung und der Ausbildung in der Schule. Da diese Instutition die Bildung der Persönlichkeit vernachlässigte, verstärkte sich bei Kurt Hahn die Absicht, das in der Schule erworbene theoretische Wissen mit dem praktischen Nutzen zu verbinden, den jeweiligen persönlichen Neigungen des einzelnen anzupassen und verfügbar zu machen.

Er ging davon aus, daß das erworbene Wissen in Verbindung mit einer praktischen Anwendung das Verantwortungsgefühl und somit das Leben des Schülers maßgeblich beeinflußt.

Die Erziehung in Salem erfolgte unter anderem durch ausgewählte Erfahrungen, die "urmenschliche Bereiche" wie z.B. das Erleben von Gefahren und der Nächstenliebe abdecken sollten.

Erleben und Lernen

Erlebnispädagogische Ansätze machen sich einen spezifischen Zusammenhang von Lernen und Erleben zunutze. Dieser soll im folgenden entfaltet werden.

Schon die etymologische Analyse des Begriffes "Erleben" macht deutlich, daß es hier um einen aktiven Prozeß geht, um Aneignung von Leben.
Genauso, wie etwas er- langt wird (man langt solange danach, bis man es erlangt hat) oder er-worben wird (man wirbt solange für etwas, bis man es erworben hat), wird er-lebt: durch Erlebnisse eignen wir uns Leben an.

In der großen Brockhausreihe wird Erlebnis folgendermaßen definiert, wobei die oben gezeigte Aktivität genauer herausgearbeitet wird.

"Das Erlebnis bezeichnet vor allem auch ein bewußtes Innewerden und Innehaben einer Situation, eines Gegenstandes, das noch keine Absicht, Stellungnahme, Beurteilung enthält.
Gewollt werden kann daher nicht das Erlebnis, sondern nur die Gelegenheit hierzu. Das Erlebnis ist nur als eine Vorstufe der Erkenntnis zu betrachten; damit es Erkenntniswert erlange, ist eine intellektuelle Bearbeitung oder Deutung notwendig."[23]

Für unser Interesse wesentlich ist hier der Verweis auf den Zusammenhang von Erleben und Lernen.
Im allgemeinen Sinne bedeutet Lernen, sich Kenntnisse und Fähigkeiten anzueignen. Das Erlebnis beinhaltet schon ein bewußtes Element, es bietet die Chance für mehr, verlangt vielleicht sogar nach mehr, nämlich Erkenntnis. Die Psychologie versteht unter dem Begriff Lernen eine allgemeine und umfassende Bezeichnung für das Erwerben oder Verändern von Reaktionen unter bekannten oder kontrollierten Bedingungen, sofern die Veränderungen überdauernd ausfallen.[24]
Folglich können Erlebnisse für -bewußtes- Lernen fruchtbar gemacht werden.

Durch geplante Erlebnisse zielgerichtet lernen

Der Vorgang, den wir Lernen nennen, begegnet uns in den verschiedensten Situationen. Wir lernen schwimmen; wir lernen ein neues Kartenspiel; wir lernen uns in einer fremden Stadt zurechtzufinden usw.
Aber auch Vorlieben, Einstellungen, Vorurteile oder Wertmaßstäbe übernehmen wir durch Lernvorgänge. Lernen kann sowohl bewußt, gezielt, als auch unbewußt vonstatten gehen.
Die Umstände, unter denen der Lernprozeß stattfindet, sind daher nach Art und Komplexität verschieden. Ebenso disparat sind die Ergebnisse, beispielsweise eine erworbene einfache motorische Fertigkeit, eine koordinierte Zweisprachigkeit oder ein verinnerlichtes Gefüge von Haltungen, Handlungsbereitschaften und Verhaltensformen, das in einer bestimmten sozialen Rolle Ausdruck findet.

Das gemeinsame Merkmal von Lernen ist die Änderung eines Verhaltens. Diese Änderungen beobachten wir auf verschiedene Weise: Der Schwimmschüler kann sich zunehmend längere Zeit über Wasser halten, oder der trainierte Verkäufer bringt mehr Kunden zum Kaufabschluß als vor dem Verkaufstraining.

Das Verhalten ändert sich aufgrund von Erfahrungen während der Übungs- bzw. Lernphasen. Es ist unerheblich, ob diese Erfahrungen von einem Lehrer gezielt vorbereitet und gelenkt werden oder ob sie sich zufällig, möglicherweise sogar ohne Absicht des Lernenden selbst ergeben. In diesem weiten Sinne fassen wir unter Lernen alle Vorgänge zusammen, in denen Interaktionen mit der Umwelt, zu einer Änderung des Verhaltens führen.

Lernen ist also nach unserem bisherigen Verständnis das Ergebnis von interaktiver Erfahrung. Wie und wann gelernt wurde, wird an der handelnden Persönlichkeit erkennbar.

Wissen und Verstehen als Lernergebnisse müssen sich in konkreten Verhaltensweisen und den dazu gehörigen Einstellungen manifestieren.[25]

Die Erlebnispädagogik mit ihrem handlungsorientierten Ansatz erfaßt den Menschen als ganze Person. Sie spricht den Teilnehmer auf drei Lernebenen, der kognitiven, der emotionalen und der aktionalen Ebene gleichermaßen an. Außerdem offeriert sie gezielte pädagogische Arrangements, um dem einzelnen zu entwicklungsfördernden Erlebnissen zu verhelfen. Mit dem Erlebnis kann eine innere Erregung verbunden sein, die durch Ergriffenheit, Begeisterung oder Angst starke Gefühlszustände hervorruft.
Erlebnispädagogik eröffnet daher eine Betätigung und Mitwirkung an sozialen Situationen, in denen Erfahrungen nicht einfach übernommen werden können, sondern selbst gemacht und reflektiert werden müssen.

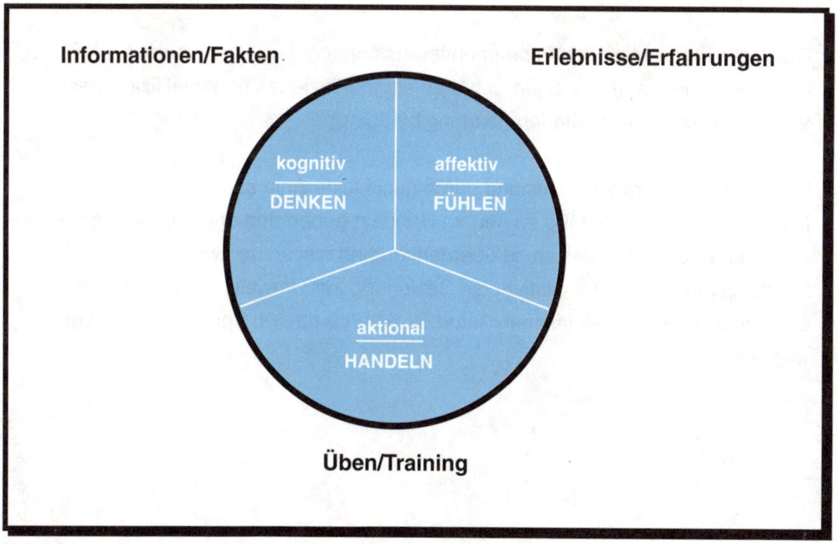

Abb.1: Die drei Straßen des Lernens[26]

Erlebnispädagogische Touren beispielsweise fordern den Teilnehmer immer als Gesamtperson.

Das gewünschte, notwendige Wissen für situationsangemessenes Handeln wird, direkt und unmittelbar in der konkreten Situation z. B. auf der Tour vermittelt.

Es findet dadurch eine realistische, rationale Auseinandersetzung mit den Trainingsinhalten und -zielen unter Bezugnahme auf die jeweilige Situation der Teilnehmer vor Ort statt.

Der Teilnehmer erfährt an sich selbst, auch durch die Reaktionen der Gruppe, daß bestimmte Verhaltensweisen erfolgreicher sind als andere.
Mit auftretenden Schwierigkeiten setzt er sich aber durchaus auch gefühlsmäßig auseinander. Durch Begleitung und Beratung unterstützt, wird es ihm möglich mittels Reflexion Erfolgserlebnisse zu verarbeiten und zu verinnerlichen. Die unerwünschten Verhaltensweisen werden dabei nach und nach emotional negativ bewertet.

Durch die Möglichkeit des Experimentierens mit dem neu erworbenen Verhalten kann der Teilnehmer in kleinen Schritten ein modifiziertes und qualifizierteres Verhaltensrepertoire aufbauen (learning by doing).[27]

Durch kreative Arrangements und durch geschickte Animation kann die Erlebnispädagogik Anstöße zu neuem Handeln geben und anregen bestimmte verfestigte Verhaltensweisen zu überdenken und weiterzuentwickeln.
Solidarisches Handeln, Initiative, die Beziehung zur Umwelt, das Erleben des eigenen Körpers und vieles mehr kann direkt erfahren, überprüft und korrigiert werden.

Lernziele und Lernmöglichkeiten

Bildung persönlicher Fähigkeiten

In vielen Handlungszusammenhängen ist es wichtig, sich in unplanbaren und ungeplanten Situationen möglichst schnell zurechtzufinden.
Da Situationen immer unterschiedlich sind, ist es nicht möglich, sich hier auf eine Strategie festzulegen. Aus der jeweiligen Situation heraus richtig handeln zu können verlangt eine besondere Qualifikation. Dabei ist der einzelne gefordert Entscheidungen zu treffen und die Konsequenzen seines Handelns auf sich zu nehmen.

Dies gilt insbesondere auch für berufliche Handlungszusammenhänge. Sie sind gekennzeichnet durch Situationen, die heute nicht mehr als eindeutig vorhersehbare Prozesse ablaufen. Sie stellen sich mehr und mehr als eine offene Situation mit vielen unbekannten Variablen dar. Waren früher Arbeitsabläufe planbar und vorhersehbar, somit für den einzelnen vorwegnehmbar und kalkulierbar, so kann man heute kaum vorhersagen, was die Aufgabenstellung, an der man heute arbeitet, morgen für neue Anforderungen aufweist.

Für den einzelnen heißt dies ganz konkret, Fähigkeiten zu entwickeln, die ihn diese veränderten Aufgaben bewältigen lassen. Er muß konkret in die Lage versetzt werden, den Freiraum für eigene Gestaltungsmöglichkeiten auszufüllen. Was vielleicht im ersten Moment als eine Störung in bislang geregelten Abläufen verstanden wird, ist zugleich auch immer eine Chance und Möglichkeit innovative Lösungen zu entwickeln, die sich von den bisherigen erheblich unterscheiden können.

Bildung sozialer Fähigkeiten

Den Großteil seiner Lebenszeit verbringt der Mensch in Gruppen. Er redet oder beratschlagt sich mit der Familie, Freunden, Bekannten, Nachbarn, Kollegen oder Vorgesetzten. Dabei kommt es immer wieder zu Meinungsverschiedenheiten, Kommunikationsstörungen, Krisen und Konflikten. Diese bedürfen, um nicht zur Dauerbelastung zu werden, einer Lösung. Ungelöste, unausgesprochene, latent schwelende Konflikte können nicht nur das Erreichen eines gemeinsamen beruflichen Ziels verhindern, sie belasten auch den privaten Alltag und das Zusammenleben mit den anderen. Oftmals verhindern gegenseitige Abhängigkeiten, hierarchische Strukturen oder auch die Angst vor einer Konfrontation eine offene Aussprache, obwohl diese die angemessenste Lösung verspricht.

Um in solchen Situationen optimal handeln zu können, muß der einzelne über bestimmte Fähigkeiten verfügen, nämlich über die **soziale Kompetenz** des Umgangs mit z.B. Abhängigkeiten, hierachischen Strukturen und Angst.
Wer sozial kompetent ist, der verfügt über ein **Verhaltensrepertoire**, das dazu verhilft psychosoziale Strukturen, eigene und andere Interessen zu erkennen und in intentionales Handeln umzusetzen.

Dies gilt auch für das Erwerbsleben.
Jeder, der seine Arbeit ausfüllt, muß nicht nur sein Fach beherrschen, sondern auch immer mit anderen zusammenarbeiten, mit ihnen kommunizieren, sie z.B. informieren. Die Arbeit ist nicht nur ein technischer, sondern in zunehmendem Maße auch ein sozialer Prozeß.
Die wenigsten Arbeitsvorgänge sind heutzutage isoliert und von den anderen Mitarbeitern abgelöst. Die Diskussionen um Lean-Production und flache Hierarchien verstärken diesen Trend. Für Berufstätige bedeutet dieser Trend mehr Zusammenarbeit, und das erfordert mehr als nur fachliche Kompetenz. Der Arbeitnehmer heute muß zunehmend auch in der Lage sein, soziale Gestaltungsaufgaben zu übernehmen, wie beispeilsweise die Leitung eines Teams.

"Die Anforderungen an den Mitarbeiter eines Betriebes verlangen aufgrund von Fortschritt die Einführung neuer Technologien, sowie dadurch veränderte Arbeitsorganisationen, wie z.B. teamorientierte Arbeitsweisen, fachübergreifende Qualifikationen."[28]

Solche fachübergreifende Qualifikationen zielen darauf ab:

- Aufgaben selbständig erkennen zu können und dann problemorientiert zu handeln.
- Selbstreflektion zu beherrschen, d.h. in der Lage zu sein, Gewohnheiten zu erkennen und sie gegebenenfalls zu ändern.
- Zuverlässig und dementsprechend verantwortlich zu sein.
- In neuen unvorhergesehenen Situationen sachgemäß zu reagieren.
- Sozial kompetent zu sein, d.h. sich in andere hineinversetzen zu können, ihre Ansätze aufgreifen und diese weiterführen zu können, sowie zur Selbststeuerung des oder der Gruppenprozesse beizutragen.

Persönlichkeitsentwicklung

Die traditionelle Auffassung vom Erwachsenen ist die eines "fertigen", kaum noch veränderbaren Menschen.
Dem entspricht das Theorem vom Primat früherer Lebensphasen, das heißt der Annahme, daß die Grundstruktur der Persönlichkeit in der Kindheit geprägt wird und dann kaum noch einer Veränderung zugänglich ist.[29]

Diese Sicht ist auch heute noch weit verbreitet, wenn gleich wissenschaftliche Erkenntnisse, die sie widerlegen, längst gesichert sind.
Dennoch: Einflüsse in späteren Lebensphasen werden als vernachlässigbar angesehen, allenfalls wird ihnen nur eine geringere Bedeutung beigemessen.

Der Alltag wird auch geprägt von nicht planbaren, nicht standardisierten Aufgaben. Für den einzelnen heißt dies zunächst einmal, auf der Grundlage seines Wissens und seiner Erfahrungen zu prüfen, was im konkreten Fall vorliegt, um daran anschließend eine Lösung zu finden. Es ist dabei zwar immer wieder hilfreich und auch sinnvoll, auf allgemeine Regeln zurückzugreifen, doch berücksichtigen diese nicht die spezifischen Besonderheiten der Aufgabe oder der Situation. Vielmehr muß der einzelne diese in ihrer Einmaligkeit erfassen, um aus der gegebenen Lage heraus konkrete Handlungs- und Lösungsmuster zu entwickeln.

Die Kompetenzen situationsangemessen zu handeln, insbesondere auch die zu interaktivem und kommunikativem Handeln, sind Voraussetzung dafür, daß sich ein Mensch mit den Erfordernissen und Anforderungen der Umwelt arrangieren kann und dabei die eigenen Motive, Bedürfnisse und Interessen berücksichtigt und einbringt.

Handlungsfähigkeit setzt auch Aufbau eines realistischen Selbstbildes voraus, das dazu befähigt, sich selbst in wechselnden Situationen zu reflektieren und eine Vorstellung von sich selbst, anderen gegenüber zu vertreten.

Das reflektierte Selbstbild wird ausgefüllt durch das Wissen, darüber

- Wer ich bin,
- was ich will,
- wie ich mich fühle,
- was mir wichtig ist,
- was für mich verbindlich ist,
- was ich mag und was nicht,
- was ich kann,
- was ich beeinflussen will.[30]

"Mit Persönlichkeit wird das einem Menschen spezifische, organisierte Gefüge von Merkmalen, Eigenschaften, Einstellungen und Handlungskompetenzen bezeichnet, das sich auf der Grundlage der biologischen Ausstattung als Ergebnis der Bewältigung von Lebensaufgaben jeweils lebensgeschichtlich ergibt."[31]

Die Persönlichkeitsentwicklung wird als selbstregulativer Prozeß der Auseinandersetzung mit der äußeren und inneren Realität bezeichnet.[32]

Einer solch "äußeren Realität" könnten die Rahmenbedingungen einer erlebnispädagogischen Maßnahme entsprechen.
Diese erstrecken sich von der Anreise über die Durchführung, das Kennenlernen, den Umgang mit dem Material, die eigentliche Tour mit Übernachtung bis hin zu dem Abschlußgespräch und der Rückreise der Teilnehmer.

Die "innere Realität" entspricht den Orientierungen, Haltungen, Einstellungen, Erwartungen, Handlungsbereitschaften, sowie Ängsten und Befürchtungen usw. des einzelnen Teilnehmers.

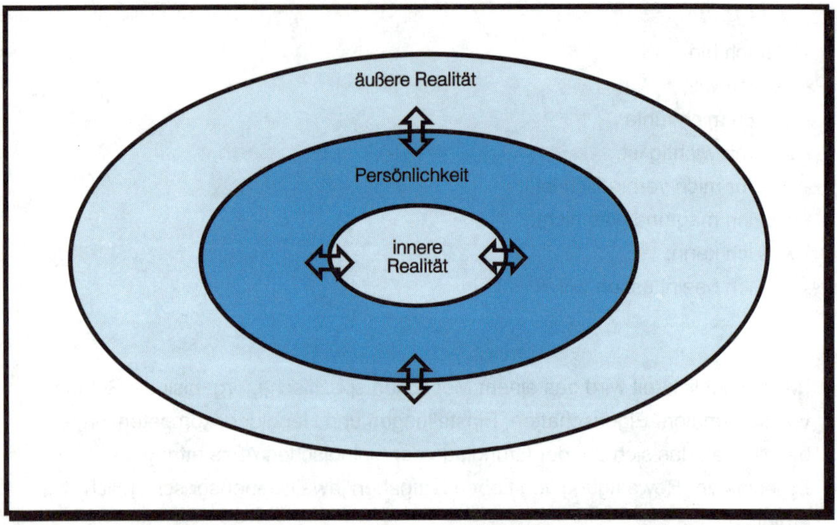

Abb.2: Persönlichkeitsentwicklung als ein selbstregulativer Prozeß der Auseinandersetzung mit äußerer und iinnerer Realität.[33]

Die Persönlichkeit hat die Aufgabe der Koordination zwischen der inneren und äußeren Realität zu vollziehen. Ob und wie diese gelingt, hängt von den lebensgeschichtlichen Einflüssen ab.

Persönlichkeitsbildung ist ein Prozeß, der durch Interaktion ständig die "innere" und "äußere" Realität aufeinander bezieht und produktiv verarbeitet.[34]
Eine Aufgabe der Erlebnispädagogik ist, die Persönlichkeit in diesem Sinne zu entwickeln und zu stärken.

In mancherlei Hinsicht gelangt der Teilnehmer dabei an die Grenzen seiner bisherigen Leistungsfähigkeit und kann dabei Erlebnisse erfahren, die wiederum zur Entdeckung neuer Potentiale und Energien führen können.
Erlebnispädagogische Aktivitäten werden somit zum Medium der Selbstentdeckung.

Man kann dabei herausfinden, daß jenseits der bisherigen Gewohnheiten immer noch Reserven an körperlicher Kraft, an Mut und Zähigkeit vorhanden sind, daß man Angst und Müdigkeit, Trägheit und Gleichgültigkeit willentlich überwinden kann, wenn es darauf ankommt.

Die Touren im freien Gelände beispielsweise konfrontieren den Teilnehmer ganz real mit einer Fülle von unbekannten, unberechenbaren und unvorhersehbaren Situationen, Ereignissen und Problemen, die von den handelnden Personen bewältigt werden müssen.
Dabei helfen die bisherigen Erfahrungen nur bedingt weiter, weil sie für diese neuartigen Anforderungen nicht geeignet sind. Beim Wildwasserfahren z.B. kann die vorgegebene Situation nicht verändert werden. Sie muß so angenommen werden, wie sie kommt und nötigt dadurch den Teilnehmer zum Handeln. Er muß, gemeinsam mit anderen neue, selbstentwickelte, situationsangemessene Kräfte und Fähigkeiten entfalten und aktivieren.

Naturerlebnisse werden aus diesen Gründen als erlebnispädagogische Maßnahmen besonders favorisiert. Viele Teilnehmer kommen dabei vielleicht zum ersten Mal mit einer für sie bisher unbekannten Seite des Daseins in Berührung.
Damit kann die Erfahrung verbunden sein, daß es durchaus wirkungsvolle, aber naturnahe Techniken der Problemlösung gibt, die es möglich machen, auch unabhängig von bisherigen Strategien und Handlungsmuster kompetent zurechtzukommen.

Teamfähigkeit

In jeder Gruppe, die an einer bestimmten Aufgabe arbeitet, kommt es während des Prozesses unvermeidlicherweise zu emotionaler Beteiligung. Die Gründe dafür sind vielschichtig. Emotionale Reaktionen verstärken oder bedrohen den Zusammenhalt der Gruppe.[35]

Im täglichen Umgang mit seinen Mitmenschen ist es von großer Wichtigkeit, die Ansichten und Meinungen anderer Gruppenmitglieder zu berücksichtigen und sich selbst situationsgerecht einbringen oder zurücknehmen zu können.
Wer immer nur seine eigenen Ansichten durchsetzen möchte, wird sehr bald Widerstand erfahren. Nicht nur für ein positives Gruppenklima, sondern vor allem auch für die Zielerreichung ist es wichtig, die Gruppenmitglieder in Planung und Entscheidungen mit einzubeziehen. Oftmals können bei einer Vielzahl von Vorschlägen und ungewöhnlichen Ideen, neue Möglichkeiten für die gesamte Gruppe aufgezeigt und somit kooperativ ausgestaltet werden.

Mit den kooperativen Elementen eng verbunden ist der kommunikative Aspekt. Kooperation setzt Kommunikation voraus. Beide Elemente sind miteinander verwoben. Die Interessen und Ideen jedes einzelnen können nur dann in eine gemeinsame Lösung mit einbezogen werden, wenn der kommunikative Austausch funktioniert, man miteinander redet, sich gegenseitig aufmerksam zuhört, sich zusammensetzt, um sich auseinanderzusetzen. Dabei erlangt die Fähigkeit zur Empathie, d.h. die Fähigkeit, sich in andere hineinversetzen zu können und die eigenen Interessen zurückzustellen, immer mehr an Bedeutung für kooperative Teamentwicklung.
Hinzu kommt, daß in einer Welt, in der inzwischen fast alles über Information läuft, die Fähigkeit, gelungen kommunizieren zu können, unerläßlich geworden ist. Jede Interaktion beginnt mit einem "Sich-hineinversetzen" in den anderen. Die eigenen Absichten werden zunächst zurückgestellt, um Raum zum Aushandeln zu lassen.

Wer so auf andere zugeht, sich auf andere einläßt, um eine gemeinsame Lösung auszuhandeln, der kommuniziert "gelungen". Kommunikation ist hierbei ein wechselseitiger Austausch unter Gleichwertigen und Gleichrangigen und nicht ein Durchsetzen der eigenen Strategien.

Vergleicht man diese Anforderungen beispielsweise mit denen, die während einer erlebnispädagogischen Tour an die Teilnehmer gestellt werden, so lassen sich sofort Verbindungen herstellen.
Die Gruppe ist bei derartigen Unternehmungen ein besonders wichtiges Medium. Während einer Tour kommt es immer wieder zu Konflikten, allein schon bedingt durch die Tatsache, daß die Teilnehmer rund um die Uhr miteinander umgehen müssen. Aufgrund dieser Konstellation des permanenten Zusammenseins wächst die Konfliktanfälligkeit und die Notwendigkeit ihrer Lösung.
Eingeübte Konfliktlösungsstrategien, wie z.B. Fluchtreaktionen, funktionieren dann nicht. Vielmehr muß sich der einzelne intensiv mit den anderen befassen und auseinandersetzen, um gemeinsam eine Lösung zu finden. Ungelöste Konflikte innerhalb einer Gruppe können extrem belastende Konsequenzen für alle nach sich ziehen.

Aufeinander angewiesen sein und voneinander abhängen, sich ständig miteinander absprechen, sich gegenseitig Hilfe leisten, auf sich und den anderen achten, sich selbst dabei dem anderen ein Stück weit ausliefern und anvertrauen, das sind Herausforderungen, die viele Teilnehmer in dieser Kombination als neu und eigenartig erleben.

Nur die konstruktive Zusammenarbeit der ganzen Gruppe gewährleistet den Erfolg. Inkompetenz wird durch sofort spürbares Scheitern in und an der Realität erkennbar.

Erlebnispädagogische Touren werden so zum idealen Übungsfeld für erfolgreiche Kooperation mit anderen. Solche Maßnahmen können dazu beitragen, ganz neue Möglichkeiten aufzuzeigen, die nicht auf dem Recht des Stärkeren basieren, sondern die Fähigkeiten jedes einzelnen für die gemeinsame Aufgabenlösung in den Vordergrund stellen. Nicht den Kompromiß, sondern den Konsens gilt es anzustreben. Hilfsbereitschaft, Teamfähigkeit oder Fairneß, können geschult und gefestigt werden.

Lernchancen

Für viele stellt eine erlebnispädagogische Maßnahme etwas Außergewöhnliches dar, "aktiv-sein-müssen" in einer unbekannten und ungewohnten Umgebung. Das Leben in und mit der Natur erfordert andere Verhaltensweisen. Die Auseinandersetzung mit der Natur und den anderen Anforderungen bietet einen hohen Erlebniswert, sie kann Einsichten in andere, bisher nicht gekannte Zusammenhänge und Perspektiven vermitteln. Die Vorstellungen vom eigenen Leben und der eigenen Lebenspraxis können hier neu überdacht werden. Eingefahrene Verhaltensweisen und Rollen können reflektiert werden. Gerade das tägliche Arrangement mit der Natur kann zu bewußteren und sensibleren Verhaltensweisen gegenüber der Natur selbst und den Beteiligten führen.

Im bestimmten Umfang lassen sich solche Erlebnisse pädagogisch planen und methodisch, didaktisch strukturieren. Eine Garantie, daß das gewünschte Ergebnis auch tatsächlich eintritt, gibt es nicht.

Alle erlebnispädagogischen Maßnahmen, angefangen beim Bergsteigen über Wildwasserfahren bis hin zum Segeln haben spezifische Eigenheiten und berühren unterschiedliche Lernbereiche, deren Lerninhalte und -chancen.
So liegt beispielsweise der Schwerpunkt einer Kajakfahrt auf Selbsterfahrung. Während bei der Schlauchbootfahrt der Umgang mit unbekannten Situationen als Gruppe im Vordergrund stehen. Beim Segeln wiederum werden andere, soziale Anforderungen hoch gewichtet. Die genaueren Erläuterungen dazu befinden sich in Kapitel 5.

Entwicklungslinien der Erlebnispädagogik bis heute

Schon bald war offensichtlich, daß Hahns Landerziehungsheime nicht die gewünschte Breitenwirkung erreichten, die er sich erhoffte.
Er äußerte sich 1928: "Gemessen an dem Tempo des allgemeinen Verfalls dringt die von den Landeserziehungsheimen ausgehende Heilwirkung nicht rasch genug in den kranken Volkskörper hinein." [36]

Dies war für ihn das Motiv, ein anderes Modell zur Vermittlung seiner Ideale zu wählen. 1941 wurde die erste "Short Term School" (dt. Kurzschule) in Aberdovy gegründet.
Sie wurde als wegweisende Grundstruktur von Kurt Hahn und dem Schiffsreeder L. Holt geschaffen und sollte eine schnellere Verbreitung der Inhalte der Erlebnispädagogik ermöglichen.
Zunächst in vierwöchigen, später in zweiwöchigen Kursen sollte die Erlebnispädagogik einer größeren Anzahl von Jugendlichen zugänglich gemacht werden.
Holt, der den Namen "Short Term Schools" nicht für aussagekräftig genug hielt, änderte diesen Namen in "Outward Bound." Dieser Begriff stammt aus der Seefahrt und fordert dazu auf "das Schiff klar zum auslaufen" herzurichten, im übertragenen Sinn die Jugendlichen für die große Fahrt, ihre große Fahrt in das Leben, zu rüsten.

Heute hat sich diese Idee international ausgebreitet. Weltweit existieren ca. 40 Outward Bound Schulen.Die Angebote der hiesigen Outward Bound Schulen sind regional schwerpunktmäßig unterschiedlich. Angeboten werden Aktivitäten wie Bergwandern und Bergsteigen, Skifahren, Segeln, Kanufahren und Schlauchbootfahren.
Diese Kurse werden heute nicht mehr nur für Jugendliche im Rahmen ihrer beruflichen oder schulischen Ausbildung angeboten, vielmehr wird auch daran gearbeitet, neue Zielgruppen, die nicht im traditionellen Konzept vertreten waren, zu integrieren.

Deshalb werden nun auch Kurse für Erwachsene, die aus den verschiedensten Sparten der Arbeitswelt kommen, angeboten, z.B. für Führungskräfte aus dem Unternehmensbereich, für Arbeiter, Angestellte, Lehrende und Studenten. Dabei orientiert man sich auch weiterhin an den vier klassischen Grundelementen, nur hat sich der Stellenwert der einzelnen Elemente im Laufe der Zeit aufgrund von Professionalisierungsprozessen verschoben.

Das Element **Rettungsdienst** wurde auf Erste-Hilfe-Leistungen reduziert, da eine Institutionalisierung freiwilliger Rettungsdienste am Berg und auf See stattgefunden hat.

Das Element **körperliches Training** ist als eigener Programmteil nicht mehr vorhanden. Es wurde in die Vorbereitungsphasen der Aktivitäten oder in die Aktivitäten selbst integriert. Darunter fallen z.B. verschiedene vorbereitende Übungen, wie für das Berggehen das Abseilen oder für die Schlauchboottour das Trockenpaddeln. Diese Übungen dienen zur Schulung der Ausdauer, gleichzeitig wird dem Kursteilnehmer aber auch ein gewisses "Handling" mit der notwendigen Ausrüstung und den technischen Hilfsmitteln vermittelt.

Das Element **Expedition** nimmt den größten Programmteil in Anspruch. Dabei handelt es sich um mehrtägige Berg-, Kanu- oder Skitouren. Sie sollen den Teilnehmern die Möglichkeit der Selbstbewährung einräumen.

Das Element **Projekt** bezeichnet heute überschaubere Lerneinheiten im Rahmen des sozialen Gruppentrainings. Plan-, Entscheidungs- und Rollenspiele sollen den einzelnen Teilnehmer in seinen planerisch-kreativen Fähigkeiten schulen. Auch ökologische, handwerkliche und technische Problemstellungen, die entweder in der Gruppe oder allein gelöst werden müssen, sind im Rahmen solcher Projekte anzutreffen.

Da die Durchführung einer erlebnispädagogischen Maßnahme größtenteils in der Natur stattfindet und diese als Lernfeld miteinbezieht, werden dem einzelnen auch Themen, wie z.B. die ökologische Auswirkungen des Massentourismus auf den Naturschutz u.ä. näher gebracht und praktisch durchlebt.

Zusammenfassung

☺ Der Mensch wird von Geburt an durch Interaktionen in seinem sozialem Umfeld geprägt.Durch die Sozialisation erwirbt er grundlegende Orientierungen und Handlungsstrategien, die ihn in seinem Handlungsspielraum dann einengen, wenn er die gewohnte Umgebung verläßt.

☺ Mit Rückgriff auf Kurt Hahn können vier Regressionen grundlegender humaner Fähigkeiten als Folgen struktureller Veränderungen der industriell hochtechnisierten Gesellschaft festgestellt werden:
- der Rückgang an menschlicher Anteilnahme,
- der Rückgang an Selbstinitiative,
- der Rückgang der Sorgsamkeit,
- der Rückgang der körperlichen Tauglichkeit.

☺ Hahn entwickelte vier Aktivitäten als Kern seiner Erlebnistherapie, davon ausgehend, daß sie obigen Mängeln entgegenwirken:
- das körperliche Training,
- die Expedition,
- das Projekt,
- den Rettungsdienst.

Im Erleben sollen diese Elemente integriert werden.

☹ Hintergrund dieser Veränderungen ist, daß die oben angeführten Mangelerscheinungen auch heute nicht nur noch aktuell sind, sondern sich zugespitzt haben, da sie fast alle Altersstufen betreffen und der Mangelcharakter auch qualitativ zugenommen hat.

Heute gilt:
- Alte, gewachsene Strukturen lösen sich auf.
- Solidarität und gegenseitige Hilfe werden durch Individualität und Egoismus abgelöst.
- Die Konsumgesellschaft entwickelt sich zur Wegwerfgesellschaft.
- Durch Medien werden nur "Second-Hand-Erfahrungen" vermittelt.
- Bedingt durch die Technisierung nimmt die körperliche Leistungsfähigkeit ab.

☺ Lernen geht auch anders:
- Lernen ist das Ergebnis von Erfahrungen.
- Das Verhalten und die Einstellung des einzelnen ändern sich aufgrund von Erfahrungen.

☺ Der tägliche Umgang mit seinen Mitmenschen setzt ein Maß an sozialen Fähigkeiten voraus.
- Solidarität, Kommunikationsfähigkeit, Kooperationsfähigkeit, Konfliktfähigkeit und Kreativität sind für das Zusammenleben wichtig.

☺ Erlebnispädagogik löst durch die Anwendungs- und Handlungsorientierung rein rezeptive Lernmethoden ab.
Sie eröffnet Lernfelder, -bereiche und -chancen, die zu neuen Erkenntnissen und zur Modifikation bisheriger Orientierungsmuster und Handlungsstrategien führen können.
- Geplante Erlebnisse können persönlichkeitsbildend sein.
- Die Persönlichkeitsbildung ist ein Prozeß, der durch ständige Interaktion die innere und äußere Realität aufeinander bezieht und produktiv verarbeitet. Persönlichkeit ist das Ergebnis dieses Prozesses, der sich nur bedingt pädagogisch planen und methodisch-didaktisch vorstrukturieren läßt.

KAPITEL 2:

Braucht ein Betrieb Teamgeist und starke Persönlichkeiten?

Ziel der Erlebnispädagogik ist das Lernen durch Erleben. Erlebnispädagogik bedeutet soziale Situationen zu arrangieren, in denen aneinander und voneinander gelernt werden kann.
Dies dient:

A. Der Entwicklung der Persönlichkeit und der Ausprägung eines Kompetenzprofils.
B. Der Entwicklung von Kooperation, der Fähigkeit zu erfolgreichem partnerschaftlichen Miteinander.

In diesem Kapitel soll darauf eingegangen werden, warum es für eine moderne Organisation oder ein Unternehmen so wichtig ist, Personalentwicklung und Teamentwicklung als zentrale Elemente innovativer Organisationsentwicklung voranzutreiben.

Zunächst werden wichtige Organisationsformen vorstellt.
Dann folgt die Beschreibung von Individualisierungsprozessen, die unsere westliche Gesellschaft prägen.
Anschließend soll die Konkurrenz aus Fernost und deren völlig andere Denk- und Gesellschaftsstrukturen, die dieser Kultur zugrunde liegen, thematisiert werden.
An jener Stelle soll dann wieder die Brücke zum "Erleben - Lernen - Kooperieren" geschlagen werden und das Augenmerk auf den Menschen als Wirtschaftsfaktor und damit als unternehmens- und organisationsrelevante Ressource gerichtet werden.
Aufgrund dieser Ausführungen soll dann herausgearbeitet werden, warum in unserer Wirtschaft ein Umdenken und damit verbunden eine strukturelle Veränderung von Nöten ist.

Organisationsformen

Der Begriff Organisation bedeutet laut Duden die "zielgerichtete Ordnung bzw. Regelung von Aufgaben (Funktionen) und Tätigkeiten (Arbeitsvorgängen) in Sozialgebilden (Unternehmen, Behörden, Verbänden, Vereinen, Kirchen u.a.) in der Weise, daß alle Elemente der Organisation und alle daraus gebildeten Organisationseinheiten final und integrativ in das Sozialgebilde eingegliedert sind."[37]

Eine Organisation wird bestimmt durch[38]:

A. **Die Struktur,**
B. **die Technologie,**
C. **die Ziele** und
D. **die Beteiligten.**

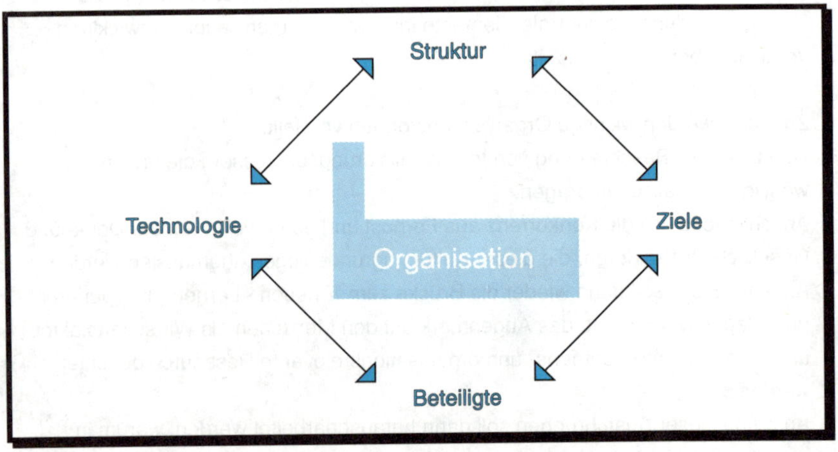

Abb.3: Bestimmende Merkmale einer Organisation

"Aufbauend auf diesem Modell müssen wir jedoch feststellen, daß es falsch wäre, die Organisation isoliert und nur intern zu betrachten. Auch ihr **äußeres Umfeld**, als fünftes Merkmal, muß zu unseren Betrachtungen herangezogen werden."[39]

Dieses Umfeld ist die Umwelt, in die die Organisation eingebettet ist. Zwischen dieser Umwelt und der Organisation besteht eine Wechselbeziehung. Sie beeinflussen und prägen sich also gegenseitig.

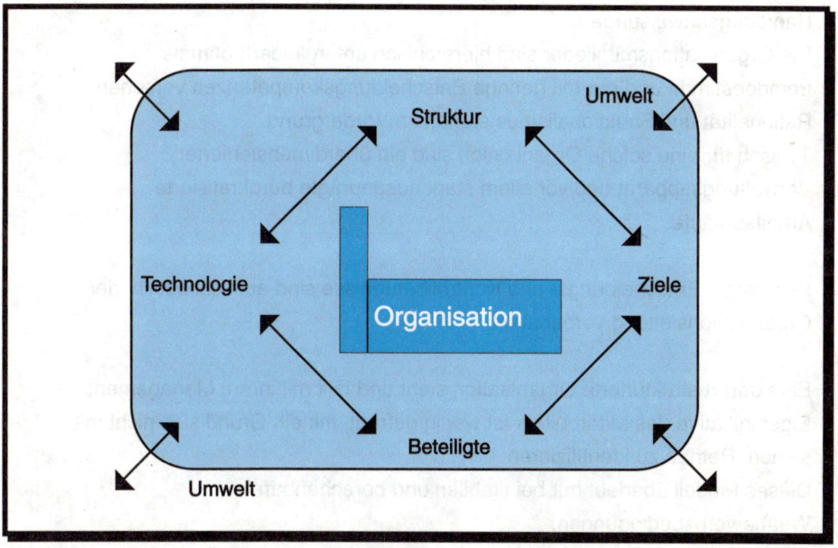

Abb.4: Merkmale einer Organisation unter Berücksichtigung der Umwelt

H.D. Engelhardt unterscheidet zwischen drei Organisationsmodellen, die nachfolgend beschrieben werden.[40]

Das rationale Modell

Das rationale Modell kann -geschichtlich betrachtet- als das Gegenmodell zum familiären Kleinbetrieb betrachtet werden. Es entstand mit der Industriealisierung.

Rationalität bestimmt hier die Organisationsausprägung. Hervorstechende Merkmale sind strikte Hierarchien mit präzisen Aufgabenzuweisungen und Handlungsanweisungen.
Die Organisationsmitglieder sind hierarchisch untergliedert, oftmals fremdbestimmt und nur mit geringe Entscheidungskompetenzen versehen.
Rationalität und Funktionalismus stehen im Vordergrund.
Typisch für eine solche Organisation sind ein überdimensionierter Verwaltungsapparat und vor allem stark ausgeprägte bürokratisierte Arbeitsabläufe.

Planungs-, Entscheidungs- und Kontrollbefugnisse sind ausschließlich der Organisationsleitung vorbehalten.

Eine derart strukturierte Organisation steht und fällt mit ihrem Management.
Eigeninitiative des Mitarbeiters ist wenig gefragt, mit ein Grund sich nicht mit seinem Betrieb zu identifizieren.
Dieses Modell überlebt nur bei stabilen und berechenbaren Wettbewerbsbedingungen.
In Zeiten des raschen Wandels der Marktanforderungen, der Technologien und anderer Faktoren reagiert es zu unflexibel.

Typische Beispiele für das rationale Modell sind monopolistische Ämter, Ministerien oder auch die Bundeswehr.

Das natürliche Modell

Das natürliche Modell versucht die Defizite des rationalen Modells zu überwinden.

Die Mitglieder der Organisation werden als menschliche Persönlichkeit betrachtet und nicht wie bisher nur als Arbeitspotentiale. Es werden vor allem informelle Strukturen hervorgehoben, durch die mehr Kommunikation und Beteiligung möglich werden.

Individuelle Einstellungen, Fähigkeiten und Interessen werden einbezogen und gefördert.
Kollegialität und Arbeitsklima haben einen hohen Stellenwert.
Die Struktur ist jedoch auch hier hierarchisch aufgebaut, Entscheidungen werden von einer dominanten Koalition getroffen, wobei aber auch eine begrenzte Delegation von Machtbefugnissen und Entscheidungskompetenzen stattfindet.

Das Ziel dieses Modells ist es nicht mehr, die Angestellten so weit wie möglich zu kontrollieren und reglementieren, sondern das Verhalten und die Fähigkeiten der Mitarbeiter dahingehend zu steuern, daß ein optimales Arbeitsergebnis erreicht wird.

Dieses Organisationsmodell eignet sich besonders für komplexe Unternehmen im Dienstleistungsbereich, bei denen situationsbezogene Entscheidungen der Beteiligten gefordert sind.

Durch individuelle Einbeziehung der Mitarbeiter wird deren Motivation maßgeblich gefördert.

Das offene Modell

Beim offenen Organisationsmodell werden Beziehungen zu den relevanten Umweltsystemen geknüpft und optimal zu gestalten versucht.

Die Idee dabei ist, auf die Bedürfnisse des Marktes, ebenso wie auf die der Umwelt weitestgehend einzugehen, sie in die Tat, bzw. in ein Produkt umzusetzen und dieses dem Bedarfsträger zuzuführen. Die Anforderungen aus der Umwelt können sowohl ökonomischer, als auch ökologischer Natur, z.B. umweltfreundliche Produktion sein.

Es herrscht ein partizipierendes Entscheidungsmuster.
In dieser Struktur werden Entscheidungen jeweils von den Betroffenen gefällt. Sie identifizieren sich mit ihrem Betrieb, betrachten sich als einen Teil von ihm und setzen sich für ihn ein.

Die Organisation selber hat auch keine festen Strukturen, sondern wandelt sich flexibel mit der relevanten Umwelt und ihren Anforderungen.
Es handelt sich hier um eine Weiterführung des natürlichen Modells.
Auch hier werden Interessen und Fähigkeiten der Mitarbeiter gefördert und in den Unternehmensprozeß mit einbezogen.
Der Mensch wird hier als wichtigste und ausbaufähigste Ressource betrachtet.

Dieses Modell eignet sich für komplexe Produktions- und Dienstleistungen, bei hohem persönlichen und fachlichen Qualifikationsstandard, insbesondere in Zeiten des raschen sozialen und technischen Wandels und bei hohem Wettbewerbsdruck.

Organisationsentwicklung, Teamentwicklung und Personalentwickung wirken als innovative Größen, dienen der Realisierung des offenen Modells, stabilisieren dieses und helfen mit, daß sich die Organisation kontinuierlich den relvevanten Umweltsystem anpassen kann.

Eine Beispiel für die Annäherung an das offene Modell ist die Einführung der "Lean Produktion". Bei dieser Produktionsform werden überflüssige, bürokratische, kommunikationshemmende Strukturen aufgehoben. In der Praxis wird meist das mittlere Management gekappt. Es wird in Teams gearbeitet, die eine große Eigenverantworlichkeit übertragen bekommen. Das relevante Umfeld wird mit einbezogen und prägt das Unternehmen.

Die nachfolgende Tabelle soll den Unterschied zwischen der herkömmlichen Massenproduktion und einem "Schlanken Unternehmen" anhand deren Grundsätze verdeutlichen.

Massenfertigung	**Schlankes Unternehmen**
1. Arbeitsteilung	Fertigkeiten werden in Teams ergänzt und unterstützt
2. Vertikale Kontrolle	Verantwortung wird weit nach unten delegiert
3. Kurzfristige Marktorientierung	Schicksalsgemeinschaften
4. Standartprodukte langer Produktionszyklus	wachsende Vielfalt kurzer Modellzyklus möglich
5. Überall Puffer	keine Sicherheitsnetze
6. Qualität "gut genug"	Perfektion durch KAIZEN, also ständiger Qualitätsverbesserung

Abb.5: Grundsätze eines schlanken Unternehmens[41]

Bei den aufgezeigten Modellen handelt es sich nur um theoretische Konstrukte. In der Praxis werden diese Modelle selten idealtypisch auftreten sondern eher als Mischformen mit Schwerpunkten und Tendenzen erscheinen.

Das offene Modell kommt trotz seiner Vorzüge in seiner Reinform in unserem Kulturkreis selten zur Anwendung, da es der traditionellen westlichen Gesellschaftsstruktur des Individualismus, die im nächsten Abschnitt erläutert wird, widerspricht.
Annäherungen an dieses Modell werden bei uns bisher nur vereinzelt und nur auf Grund des hohen Wettbewerbdrucks und der daraus resultierenden Ressourceneinsparungen unternommen.
Immer mehr Führungskräfte mit Personalverantwortung informieren sich jedoch über Möglichkeiten der Optimierung von Wirkungen durch teamorientierte Kommunikations-, Entscheidungs- und Produktionsverfahren.

Gesellschaftliche Individualisierungsprozesse

Betrachtet man die Geschichte abendländischer Gesellschaften, so ist seit dem Mittelalter ein deutlicher, noch immer anhaltender Trend hin zur Individualisierung festzustellen.

War früher der Bauer noch an seine Scholle gebunden, der einzelne in eine Großfamilie integriert, die Berufswahl durch die Zunftzugehörigkeit des Vaters festgelegt usw., so ist im Laufe der geschichtlichen Entwicklung eine immer größer werdende globale Befreiung des Individuums zu beobachten.
Der persönliche Entscheidungsspielraum des einzelnen wird immer größer, er wird immer weniger fremdbestimmt und muß und will sich immer weniger durch Werte und Normen festlegen lassen.

Arnold Schmieder faßt diesen Individualisierungsprozeß folgendermaßen zusammen:

"Mit dem Übergang von der feudalen zur bürgerlichen Gesellschaft wurden gewaltige Bevölkerungswanderungen in Gang gesetzt, regionale Bindungen und traditionelle Lebenszusammenhänge aufgelöst. Diesem Freisetzungsprozeß war und ist eine gesellschaftliche Differenzierung über arbeitsteilige Strukturen eingelagert, was den Prozeß der Individualisierung oder Vereinzelung begründet; dieser soll sich in der fortgeschrittenen Moderne nicht nur verschärfen, sondern über den Mechanismus der Konkurrenz die Krisenhaftigkeit von Identitätsbildungsprozessen verantworten..."[42]

Der einzelne gelangte also zu großen Freiheiten, die uns heute als selbstverständlich erscheinen.

Für die Industrie bedeutete dies, daß durch die Flexibilität und Freizügigkeit des Individuums ein immer ausreichendes Arbeitnehmerpotential vorhanden war, und sie deshalb nicht mehr allein auf die ortsansässigen Arbeitskräfte angewiesen war.
Individualisierung erst machte den Übergang vom familiären Kleinbetrieb hin zum Weltkonzern möglich, da durch diese die benötigte Flexibilität bei den Arbeitnehmern entstand.
Doch der Individualisierungsprozeß entwickelte sich weiter und hält bis heute unvermindert an.
Egoistische Interessen sind immer mehr in den Vordergrund gerückt. Der Trend heute geht zu Einpersonenhaushalten, kinderlosen Ehen, die Folgen für Unternehmen und sozial Systeme sind schwer überschaubar.

"Die über Generationen vernetzten Beziehungen und subkulturellen Milieus in den Quartieren, wie sie in vormalig gewachsenen Wohnvierteln noch möglich waren, weichen in neuen großstädtischen Wohngebieten einer sich ausbreitenden Anonymisierung. Auch die Vielfalt der Lebensformen und die Pluralisierung von Familienformen lösen tradierte Sozialformen weiter in Richtung einer sich verallgemeinernden Individualisierung auf. Dieser Aspekt firmiert auch unter dem Begriff der Privatisierung."[43]

Ein extremer Grad an gesellschaftlicher Individualisierung und die damit verbundene individuelle Selbstverwirklichung trägt auch negative Früchte wie:

- Ellenbogendenken,
- Kommunikationsstörungen,
- Orientierungslosigkeit,
- Unsoziales Verhalten,
- Vergnügungssucht,
- Erfahrungsarmut u.v.a.m..

Jahrelang wurden solche Entwicklungen nicht beachtet. Parallelen zu den Ursprüngen erlebnispädagogischen Denkens drängen sich auf.

Die sich ausprägende Einstellung, daß der Stärkste sich durchsetzt und nach oben gelangt, auf Kosten anderer Karriere macht und Einfluß gewinnt, möchten wir als "Betriebsdarwinismus" bezeichnen. Also eine Art Sozialdarwinismus, der wie die Geschichte des 3. Reichs belegt, zu schrecklichen Formen ausufern kann.

Der "Betriebsdarwinismus" ist ein Prinzip, das in unserer Arbeitswelt und der westlichen Gesellschaft jahrzehntelang so gut funktioniert hat, daß es niemand in bemerkenswerter Weise in Zweifel gezogen zu haben scheint. Dabei war klar:

"Die Konkurrenz, in die der Arbeitsmarkt die Menschen zueinander setzt, fördert die Vereinzelung der Menschen gegeneinander, insoweit sie auf Austauschbarkeit beruht und den Zwang freisetzt, diese Austauschbarkeit durch Betonung und Inszenierung der Besonderheit, Einmaligkeit und Individualität der eigenen Leistung und Person zu unterlaufen und zu minimieren"[44].

Erst der Konkurrenzdruck aus Fernost löste eine kritische Überprüfung unserer individualistischen, hierarchischen und linearen Organisationsstrukturen und die Suche nach neuen Produktionsformen und zwischenmenschlichen Umgangsweisen aus.

Konkurrenz

Aufgrund der privaten Befreiung von Großfamilie, Kirche, Gruppenzwängen und Normen ist für den einzelnen ein gewisses Vakuum an festen Regeln, Normen und Bestätigungen entstanden. Anders ausgedrückt, es besteht für viele eine weitgreifende Orientierungslosigkeit und es fehlt an einer verbindlichen Werteorientierung.

Diese unbefriedigten Bedürfnisse nach Lebenssinn versucht der einzelne dann in der Arbeit zu finden.
"Voranzukommen" und "Karriere zu machen" ist in unserer Gesellschaft zu einem Kriterium geworden, dem sich kaum einer entziehen kann und aus dem ein großer Teil der Bevölkerung seine Selbstbestätigung bezieht.
Wir sehen darin eine Auswirkung des Individualismus, von dem die Wirtschaft seit Jahren profitiert hat.

Dies funktionierte so lange, wie nur die westlichen Staaten auf dem Weltmarkt untereinander konkurrierten.

Zunächst nur belächelt, ist Japan heute, innerhalb weniger Jahrzehnte, zu einer Weltwirtschaftsmacht aufgestiegen, die den Westen in starke Bedrängnis bringt. Japan arbeitet mit neuen, revolutionären Organisationsmethoden, welche die scheinbar unumstößlichen, altbewährten westlichen, individualistisch-hierarchischen Organisationsmodelle und Arbeitsmethoden ins Wanken bringt.

" Die Japaner benötigen etwa 16 Stunden für die Montage eines Pkw - die Europäer 36. Auf 100 Autos entfallen bei der fernöstlichen Industriemacht 60 Montagefehler, in Europa 97. 70 Prozent von Japans Autobauern arbeiten in Gruppen, in Europa nur 0,6 Prozent. Der Schlüssel zum Erfolg sind nicht die Roboterzahlen und die langen Arbeitszeiten, sondern effektivere Arbeitsmethoden...."[45]

Japanische Modelle

Gesellschaftliche Strukturen spiegeln sich in den meisten Unternehmen wider. In der westlichen Welt z.B., die durch den Individualismus und Hierarchismus geprägt ist, sind die meisten Organisationen ebenso hierarchisch und autoritär aufgebaut.

Bis jetzt sind nur einzelne Branchen, wie die bei uns sehr wichtige Automobilindustrie, auf Druck von fernöstlicher Konkurrenz gezwungen, auf effektivere Organisationsmethoden umzusteigen, um nicht vom Markt gedrängt zu werden.
Die Automobilbranche wird aber - das ist offensichtlich - nicht alleine bleiben, ihr kommt vielmehr eine Vorreiterrolle für andere Produktionszweige zu.

Entscheidend für den japanischen Vorsprung scheint eine Verknüpfung traditioneller Strukturen mit den Anforderungen hochtechnischer Produktionstechniken zu sein.

Japan hat also das kollektivistische traditionelle Familienprinzip mit westlichen Wirtschaftsideen und westlichem Know How verknüpft und dadurch eine leistungsfähige Wirtschaftsstruktur aufgebaut, die der westlichen in vielen Punkten überlegen ist.

"Japan ist bisher das erste Beispiel einer Industriegesellschaft überhaupt, die mit kollektivistischen Orientierungen wirtschaftlich erfolgreich ist"[46]

Der westlichen Wirtschaft, mit ihrer individualistisch, hierarchisch geprägten Geschichte, fällt es sehr schwer mit partizipierten Ansatzformen umzugehen. Unsere Gesellschaft muß sich erst noch an diese Arbeitstrukturen gewöhnen, da diese Formen hier völliges Neuland bedeuten.

Der Westen befindet sich momentan in einem Umbruch, den in ähnlicher Form Japan schon hinter sich gebracht hat.

Im Gegensatz zu den Japanern die unser "Know How" und unsere Technik in ihre Kultur integriert, adaptiert und weiter entwickelt haben, sind wir gezwungen unsere Organisationsstrukturen zu überdenken und Teile der japanischen Strukturen, in einer, auf unsere Gesellschaft angepaßten Form, zu übernehmen.

"Die neuere Geschichte Japans dokumentiert erstmalig den gelungenen Versuch eines nicht westlichen Landes, Wissenschaft und Technik als Elemente westlicher Kultur aufzunehmen und zu integrieren, ohne die eigene Identität aufzugeben"[47]

Was zeichnet die japanischen Gesellschaftsstrukturen aus, daß sie den westlichen so überlegen sind?

"Während in den westlichen Industrieländern die Individualisierung gesellschaftliches Zusammenleben prägt, kennzeichnen Gruppenbewußtsein und Gemeinschaftssinn die japanische Gesellschaft, in der Familiarismus das zentrale Organisationsprinzip darstellt."[48]

Dieser Familiarismus, der Grundlage für Gruppenbewußtsein und Gemeinschaftssinn als gesammtgesellschaftliche vorherrschende Interaktionsbasis ist, wird insbesondere auch in der japanischen Wirtschaft gepflegt.

"Gemeinsame Handlungen beruhen auf Konsens, der, mündlich oder schriftlich erklärt, auf geltende soziale Normen Bezug nimmt und Grundlage des sozialen und wirtschaftlichen Lebens ist.
Auch das Verhältnis Vorgesetzter - Untergebener folgt dem Familienmodell, d.h. dem Eltern - Kind - Verhältnis, und ist damit eindeutig gegliedert. Der Vorgesetzte steht an der Spitze der Gruppe und verlangt von jedem Mitglied seines Teams Loyalität und Pflichterfüllung."[49]

Dieses Treue- oder Abhängigkeitsvehältnis reicht zum Beispiel soweit, daß der Arbeitnehmer, sobald er einmal in einem Betrieb angefangen hat im Normalfall dort bis zu seinem Lebensende arbeiten wird. Er hätte bei einem Wechsel der Arbeitsstelle, auch bei bester Qualifikation, Schwierigkeiten, einen neuen Arbeitsplatz zu finden, da ihm mangelnde Loyalität zu seinem ehemaligen Betrieb vorgeworfen würde.

Im Gegenzug verpflichtet sich der Arbeitgeber dem Untergebenen einen sicheren Arbeitsplatz und ein geregeltes Einkommen zu stellen und in Härtefällen den Arbeitnehmer zu unterstützen und abzusichern.
D.h. der Arbeitgeber übernimmt auch Sozialstaatsfunktionen. Er übernimmt Verantwortung für die Angehörigen und die Familien der Arbeitnehmer. Es entsteht eine viel intensivere Beziehung zwischen den Vertragspartnern als in unserem System.

Beispiele für die Verantwortlichkeit von der Arbeitgeberseite aus sind z.B. Betriebswohnungen, organisierte Freizeitgestaltung, starke Förderung von Fort- und Weiterbildung, aber auch weitergehende Bereiche, wie etwa die finanzielle Unterstützung der Familien von verstorbenen Betriebsangehörigen.

Loyalität und die wechselseitige Abhängigkeit gehen, wie man sieht, weit über den Arbeitsbereich hinaus.

In diesen z.T. feudalistisch anmutenden Strukturen zeigt sich -betriebswirtschaftlich formuliert- ein besonderer Stellenwert der Ressource Mensch. Dieser liegt nicht darin, daß Arbeinehmer versorgt werden -dies ist bei uns auch gewährleistet-, sondern zeigt sich in der Art und Weise dieser Versorgung. Hier stehen sich unser staatlich geregeltes Sozialsystem und der sorgende "Familien"-Betrieb gegenüber. Diese Differenz führt zu unterschiedlichen Bedingungen: dem anonymen Staat steht das identifizierende und im Alltag erfahrbare Unternehmen gegenüber.

Die hieraus erwachsende gegenseitige Loyalität, aber auch die Abhängigkeit zwischen Unternehmen und Angestellten verdeutlicht ein Fünf-Punkte-Programm aus dem Personal-Management von Hitachi, das abgeleitet ist aus seiner Betriebsphilosophie, die lautet[50]:

"A company is its people"[51] - Das Unternehmen: das sind seine Mitarbeiter.

Das Programm selber sieht vor:

1. Es gilt der Grundsatz der dauerhaften Anstellung, normalerweise auf Lebenszeit.

An diesem Grundsatz wird auch in Zeiten der Rezession festgehalten. Dadurch wird gegenseitiges Vertrauen geschaffen und fraglose Zuverlässigkeit und Einsatzbereitschaft gefördert.

2. Beurteilung der Mitarbeiter anhand von Kriterien für langfristige Entwicklung.

Hier werden in langfristiger Sicht Fähigkeiten wie Zusammenarbeit, Führungseigenschaften, Integration und Anpassungsfähigkeit auch im Hinblick auf zukünftige Entwicklungsmöglichkeiten (Potentiale) beurteilt. Über mehrere Jahre beeinflussen diese Beurteilungen dann die Fragen der Bezahlung und Beförderung.

3. Individuelle Sozialleistungen je nach Lebensalter

Das Hitachi-Management empfindet eine besondere Verantwortung für das körperliche, soziale und kulturelle Wohlbefinden seiner Angestellten und deren Familien, die es zu unterstützen gilt. Hitachi ist der Ansicht, daß Fabrik oder Büro mehr sein sollte als "Arbeitsplatz". Es sollte vielmehr eine Atmosphäre herrschen, in der die Mitarbeiter auch ihre Persönlichkeit entfalten und ganzheitliche, nicht nur betriebswirtschaftlich funktional reduzierte Beziehungen zu ihren Kollegen aufbauen können.

4. Wechselseitiger Respekt und aufrichtige Zusammenarbeit zwischen Management und Gewerkschaft.

Es gilt bei Hitachi das in Japan übliche Prinzip der Firmen- bzw. Betriebsgewerkschaft, der grundsätzlich alle Angestellten mit Ausnahme der Manager angehören. Mit ihr soll offen und vertrauensvoll verkehrt werden, um anfallende Probleme möglichst gemeinsam zu lösen. Mit unseren Gewerkschaften ist dieses Arbeitnehmervertretungssystem nicht zu vergleichen. Konfrontationen, die bei uns daraus folgen, daß grundlegende Interessensunterschiede zwischen Arbeitnehmern und Arbeitgebern postuliert werden, die letztlich nur als Machtkampf ausgefochten werden können, sind in Japan in dem Maße undenkbar. Gemeinsame Interressen werden in den Vordergrund gestellt. Reibungspunkte werden oft auch unhinterfragt als gegeben gesehen.

5. Verpflichtung für ein Programm lebenslangen Lernens und der Weiterbildung für Angestellte auf allen Ebenen.

Dieser Punkt beinhaltet die extreme Förderung der Humanressourcen, eine Verpflichtung die beide Seiten aneinander bindet. Der Angestellte muß für Innovationen und Lernen immer offen sein, und der Betrieb muß ein entsprechendes Förderprogramm erstellen.

Aus der oben angeführten Betriebsphilosophie folgt ein weiterer wesentlicher Punkt, der in diesem Programm zwar impliziert ist, uns aber so wichtig erscheint, daß er hier gesondert herausgearbeitet wird.

Harmonie ist ein zentraler Wert.

Dies hat Konsequenzen auf die Entscheidungsprozesse.
Entscheidungen in japanischen Organisationen werden von Gruppen getroffen. Im Entscheidungsfindungsprozeß wird nicht auf eine Mehrheitsentscheidung hingezielt, vielmehr wird ein Konsens in der Gruppe angestrebt.

"Diese Art der Entscheidungsfindung per Konsens führt nach vorliegenden Erfahrungen zu sehr ausgereiften Vorschlägen, die eine zeitraubende Entstehungsgeschichte haben, aber nach der getroffenen Entscheidung überaus schnell und reibungslos verwirklicht, praktisch umgesetzt werden können:
Weil die Entscheidung in Übereinstimmung erarbeitet wurde, ist sie inhaltlich ausgereift und produziert keine Widerstände. Die Durchsetzungsphase ist problemlos. Zusätzlich ist auf die kaum zu überschätzenden Impulse für Arbeitsmotivation, Arbeitszufriedenheit, Betriebsklima, Innovation u.a. hinzuweisen."[52]

Einer der wichtigsten Punkte hierbei ist das Partizipationsprinzip, das den Mitarbeitern Verantwortung überträgt, wodurch bessere Arbeitsergebnisse und größere Zufriedenheit unter den Mitarbeitern gewährleistet sind.
Eine Grundvoraussetzung für eine erfolgreiche, verantwortungsvolle Partizipation der Mitarbeiter ist jedoch, daß diese teamfähig sind und miteinander reibungslos und konstruktiv kommunizieren können.

Die japanische Kultur ist auf Teamarbeit ausgelegt, was in unserer westlichen Kultur nicht der Fall ist und deshalb noch trainiert und erlernt werden muß, damit auch westliche Unternehmen wettbewerbsfähig bleiben können. Dazu müssen jedoch auch die entsprechenden Arbeitsstrukturen und eine entsprechende Motivation unter den Mitarbeitern geschaffen werden.
Die nachfolgende Graphik soll dies verdeutlichen.

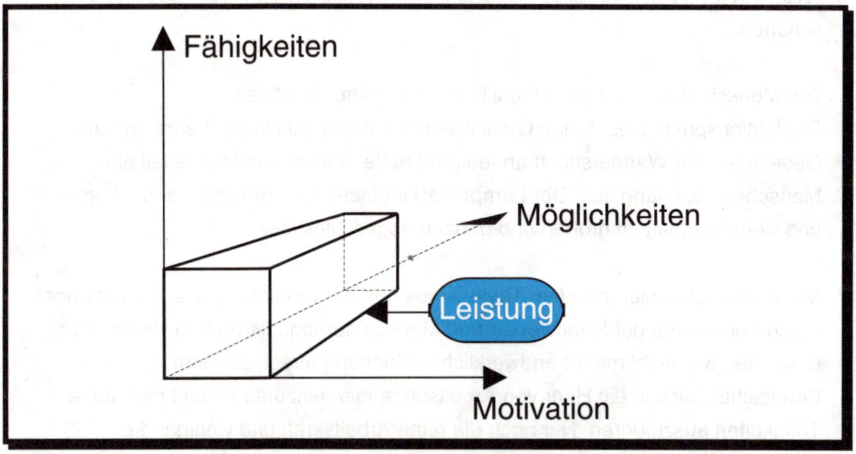

Abb.6: Die drei Hauptfaktoren für eine Gruppenleistung[53]

Ressource Mensch

Vor der industriellen Revolution waren das Handwerk und die Landwirtschaft in unserem Produktionssystem dominierend. Der Mensch schaffte mit seinen "Händen" das "Tagewerk". Der Mensch war hier unentbehrlich. Es gab zwar "Werkzeug", dieses war aber nur "Zeug", also Hilfsmittel, um sein "Werk" zu schaffen.

Der Mensch stand mit seiner Qualifikation im Mittelpunkt des Produktionsprozesses. Seine Qualifikationen, die er sich in der Lehre und als Geselle auf der Wanderschaft angeeignet hatte, reichten im Normalfall ein Menschenleben lang aus. Der Lernprozeß im fachlichen Bereich war mit Lehre und Wanderschaft im großen und ganzen abgeschlossen.

Mit der Industrialisierung, dem Taylerismus und der Einführung des Förderbandes durch Ford wurde der Handwerker und Mensch herabqualifiziert. In vielen Bereichen war nicht mehr handwerkliches Können gefragt, sondern die Bereitschaft, sich in ein Heer von Arbeitsuchenden einzureihen und monotone Tätigkeiten auszuführen. Nur noch die reine Arbeitskraft und weniger die erworbenen Qualifikationen und Fähigkeiten waren zu verkaufen.

Der Arbeiter war in vielen Bereichen zum Werkzeug der Maschinen geworden!

Später, mit dem raschen technischen Wandel kam es dann in fast allen Branchen und auf fast allen Betriebsebenen zu einer Erhöhung der Anforderungen an den einzelnen. Der Mensch war mit seiner traditionellen Berufsausbildung nicht mehr in der Lage, ein Arbeitszeitalter lang seinen Beruf auszuüben.
Die Halbwertzeit des Fachwissens wurde und wird weiterhin immer mehr herabgesetzt.

1970 erstellte der deutsche Bildungsrat den "Strukturplan für das Bildungswesen". Hierin wurde erstmals die Forderung nach einem "lebenslangen Lernen" explizit formuliert.

Die Weiterbildung wurde als vierte Säule des Bildungswesens neben der Elementar-, Primär- und Sekundärerziehung konzipiert[54]

Hinzu kam noch in vielen Branchen der Druck der Konkurrenz aus Japan, die ein anderes Verständnis und ein anderes Bild von ihren Mitarbeitern hat. Bemerkenswert ist hierbei, daß erst aufgrund dieser beiden Faktoren, insbesondere des Letzteren, der "Produktionsfaktor Mensch" und dessen Optimierung in die öffentliche Diskussion einzogen.

Dabei kannte die Betriebswirtschaftslehre schon lange die Produktionsfaktoren:
- **Arbeitsleistung** (= Der Mensch),
- **Betriebsmittel** (= Maschinen, Fuhrpark, Gebäude ...),
- und die **Werkstoffe** (= Roh-, Hilfs- und Betriebsstoffe).[55]

Parallel dazu wird in der Volkswirtschaftslehre zwischen
- **Arbeit**,
- **Boden**,
- und dem **Kapital** unterschieden.[56]

Schon 1961 schrieb Gutenberg, der den faktor-theoretischen Ansatz entwickelte, und einer der bedeutendsten Mitbegründer der modernen Betriebswirtschaftslehre ist:

"Bezeichnet man die Arbeitsleistungen und die technischen Einrichtungen als Produktionsfaktoren und das Ergebnis der von diesen Produktionsfaktoren eingesetzten Mengen als Produktmengen, Ausbringung oder Ertrag (physisch und mengenmäßig gesehen), dann erhält man eine Beziehung zwischen dem Faktorertrag und dem Faktoreinsatz. Diese Beziehung ist eine Produktivitätsbeziehung, und zwar nicht irgendeine, sondern die Produktivitätsbeziehung schlechthin."[57]

Kurz gesagt:
Qualität und Quantität der Produkte, und damit auch der Erfolg eines Unternehmens, sind von dem Einsatz, der Kombination und der Qualität der Produktionsfaktoren abhängig.

Aus dieser Erkenntnis heraus ist an den Produktionsfaktoren gearbeitet worden:

- Die Betriebsmittel wurden verbessert, indem zum Beispiel automatische Produktionsstraßen eingeführt, Lagerhaltungen minimiert und auf die Straße verlegt, und arbeitstechnisch günstige Produktionsstandorte gesucht worden sind.
- Auch an den Werkstoffen wurde gearbeitet. Man verbesserte sie, neue wurden entwickelt, und in vielen Bereichen ist, aufgrund der höherern Effizienz, deren Produktion an Zulieferfirmen abgegeben worden.
- Nur die Arbeitskraft, sprich die "Ressource Mensch" wurde lange Zeit vernachlässigt.

Aus welchen Gründen gerade der Mensch in der Wirtschaft eher ein Mauerblümchendasein führte, sollte hier nicht näher ausgeführt, und die Erklärung einfach bei der historischen Entwicklung des Wirtschafts- und Gesellschaftssystems belassen werden.
Der Aspekt der Machterhaltung, gesichert durch eine hierarchische Organisationsstruktur, war dabei sicherlich von Bedeutung.

In den letzten Jahren waren aber dann doch viele Unternehmen gezwungen umzudenken.
Die betriebliche Fort- und Weiterbildung, die eine Förderung des Humankapitals darstellt, wurde durch verschiedene Strömungen in der Gesellschaft vorangetrieben.

1. Unter den Punkt "**wirtschaftlich-nationale Motive**" fallen im internationalen Bereich die zunehmende Ost-West-Spannung nach dem Zweiten Weltkrieg. Eine Reihe von militärischen Entwicklungen in der UdSSR riefen Befürchtungen hinsichtlich eines Rückstands der USA hervor[58]:

- 1957 brachten die Sowjets erfolgreich ihren "Sputnik" ins All. Dies löste den sogenannten "Sputnikschock" im Westen aus, der einen enormen Einfluß auf die amerikanische Bildungs- und Forschungspolitik hatte. Es galt die "technologische Lücke" auszugleichen.

- Gerade auch in Deutschland gaben Prognosen für einen künftigen Arbeitskräftebedarf und die dabei erforderlichen Qualifikationen den Anstoß zu umfangreichen bildungspolitischen Diskussionen, zu einer Ausbreitung des "Planungsgedankens" im Bildungsbereich und als Folge davon zu entsprechenden Bildungsinvestitionen.

- In Bezug auf die Bundesrepublik ist unter der Rubrik "wirtschaftlich-nationale Motive" festzuhalten:
  Internationale Vergleichsuntersuchungen zu Bildungssystemen zeigten einen quantitativen und qualitativen Rückstand der Bundesrepublik gegenüber vielen anderen Industrieländern auf.

  Genannt werden können hier die Studien aus den Sechzigern von Edding(1963), Hitpass(1964), Picht (1964), Dahrendorf (1965) u.a.

  Über die von der FDP Politikerin Hildegard Hamm-Brücher 1965 vorgelegten Grafiken und Tabellen fanden die entsprechende Daten Eingang in Journalisten- und Politikerkreise.[59]

- Ebenso müssen die Diskussionen um die Chancengleichheit hier genannt werden, führten sie doch dazu, daß -wenn auch aus außerökonomischer Perspektive- vorhandene Bildungsqualifikationen problematisiert wurden und die Forderungen nach einem Ausbau der Erwachsenenbildung erhoben wurden.

2. Ein zweiter Hauptpunkt für das Vorantreiben der betrieblichen Fort- und Weiterbildung ist die "***demographische Entwicklung***" in der Bundesrepublik.

Es wurde statistisch hochgerechnet (vorausgesetzt, daß die Geburtenzahlen nicht in absehbarer Zeit wieder auf das zur Bestandserhaltung nötige Niveau ansteigen und bei einem Nullwanderungssaldo), daß das Potential an deutschen Erwerbspersonen (ohne Gastarbeiter) sich allein in den Jahren von 2000 bis 2030 um etwa 9 Millionen verringern wird.[60]

D.h. also, es wird immer weniger erwerbsfähige Menschen geben.
Darum müssen alle vorhandenen Potentiale genutzt werden. Um diese quantitativ sich verringernden Kapazitäten nutzen zu können, müssen sie erst einmal durch Bildung und Training nutzbar gemacht, sprich qualifiziert werden.

3. Der dritte und letzte Motivkomplex für die Nutzung des Humankapitals ist der "***wirtschaftlich-technologische Aspekt***". Er dürfte für dieses Thema der wichtigste sein und muß in mehrere Unterpunkte gegliedert werden:

A. Der Innovationsschub durch die Mikroelektronik

Mit der Entwicklung der Mikroelektronik setzte ein gesellschaftlich-ökonomischer Wandel in den Industriestaaten ein. Zudem wird die Wirtschaft, basierend auf der Mikroelektronik, durch die Bio-, Laser- und die Solarenergietechnik zunehmend beeinflußt und verändert werden und demzufolge auch die Anforderungen an benötigte Qualifikationen.

In der Qualifikationsdebatte spielen drei verschiedene Wirkungsthesen eine Rolle:

a. Die Höherqualifizierungshypothese: Die Anforderungen an das Qualifizierungsniveau werden zunehmen.
b. Die Dequalifizierungshypothese: Anspruchslose, unqualifizierte Tätigkeiten werden zunehmen und damit gefragt sein
c. Die Polarisierungshypothese: Die Diskussion darüber, ob für die Mehrzahl der Beschäftigten requalifikatorische oder dequalifikatorische Konsequenzen überwiegen.

Die Anzeichen sprechen dafür, daß der Bedarf an tertiären Tätigkeiten und höheren Qualifikationen in allen Wirtschaftssektoren zunehmen wird, jedoch begleitet von einer partiellen Dequalifzierung und einer Polarisierung[61]

Unserer Meinung nach zeichnet sich schon heute eine klare Polarisierung in der Arbeitswelt ab. Auf der einen Seite haben wir eine relativ hohe Arbeitslosigkeit, auf der anderen Seite fehlt es in vielen Branchen an qualifiziertem Fachpersonal. Als bildungspolitische Konsequenz folgt daraus:
Es wäre sowohl eine Aufgabe für die Aus- und Weiterbildung, als auch jedes einzelnen, sich und sein Wissen so flexibel zu halten, daß er in mehreren Bereichen einsetzbar, und auch dazu bereit ist. Aus- und Weiterbildung müssen darauf abzielen den einzelnen Arbeitnehmer für den Einsatz in unterschiedlichen Arbeitsbereichen zu rüsten.
Der moderne Arbeitnehmer muß offen für Innovationen, lernbereit und flexibel sein. Nur so kann er auch in Zukunft den Anforderungen des Arbeitsmarktes gerecht werden.

Klauder benennt diese Anforderungen wie folgt und macht damit die Komplexität der Qualifikationen deutlich:

Gebraucht wird ein
"vermehrtes planerisches, systematisches, abstraktes und theoretisches Denkvermögen. Allgemein wird erwartet, daß durch die neuen Techniken im Erwerbssystem die Handarbeit am Produkt und die einfache Maschinenbedienung immer mehr an Bedeutung verlieren werden. Betroffen sind davon vor allem die Arbeitsplätze für ungelernte und angelernte Tätigkeiten. Langfristigen Bestand haben vermutlich die Überwachungs- und Kontrolltätigkeiten, Handwerk, Beratung, Behandlung, Pflege, Bewachung, Ingenieursarbeit, und Unternehmertätigkeiten:"[62]

B. Das Humankapital - der zentrale Produktionsfaktor

Gerade in der deutschen Automobilindustrie, die ja bekanntlich besonders mit der japanischen Konkurrenz zu kämpfen hat, wird die Ressource Mensch, also dessen individuelle Kapazitäten, inzwischen verstärkt gefördert.

Zu diesem Thema äußerte sich der Leiter des Bildungswesens der Volkswagen AG, Prof. Dr. Mayer-Dohm:

"Wenn der internationale Wettbewerb heute in zunehmendem Maß als Know-How-Wettbewerb bezeichnet wird, dann spiegelt sich darin die wachsende Bedeutung, die den Humanressourcen bei der Lösung der aktuellen Herausforderungen wie zunehmender Konkurrenzdruck, veränderte Kundenansprüche, politischer Wandel, dem technischen Fortschritt etc. beigemessen wird. Weitblickende Unternehmer haben schon immer gewußt, was Wissen und Können und die Bereitschaft der Mitarbeiter bedeuten. ... Die Humanressourcen sind für das Unternehmen zum strategischen Faktor geworden; entsprechend zugenommen hat in den letzten Jahren der Stellenwert von Qualifikation und Qualifizierung..."[63]

Neue Technologien wie CNC-Maschinen müssen als tote Werkzeuge bezeichnet werden, die erst durch das Know-How, die Zielsetzung und den Leistungswillen ihrer Bediener sinnvoll eingesetzt werden können. Ebenso verhält es sich mit neuen kooperativen Arbeits-, Entwicklungs- und Produktionsmethoden. Die Bundesrepublik Deutschland wird ihre Spitzenposition als Industrie- und Exportnation nur halten können, wenn sie über genügend hochqualifizierte und hochmotivierte Fachkräfte verfügt. Diese Fachkräfte können allerdings nur bedingt durch allgemeinbildende Schulen und Universitäten ausgebildet werden. Aufgrund der schnellen Alterung von Fachwissen und der betriebsspezifischen Anforderungen ist es Aufgabe eines jeden Unternehmens, in seine Humanressourcen zu investieren.

C. Der europäische Binnenmarkt und seine Herausforderungen an die Weiterbildung

E. Kuhlwein; MdB und Vorsitzender der Enquete-Kommission Zukünftiger Bildungspolitik - Bildung 2000 des Deutschen Bundestags meint:

" Der Binnenmarkt wird den ohnehin in Gang gekommenen Strukturwandel in den Mitgliedsstaaten beschleunigen. ... Dies führt zu einer Verschärfung des Qualifizierungsdrucks auf allen Stufen, auch in der Bundesrepublik"[64]

Hier kommen auf Unternehmen, die mit ausländischen Firmen zusammenarbeiten oder im Ausland einen neuen Standort errichten wollen, vermehrte Anforderungen in bezug auf z.B. Sprachkompetenzen, Kulturverständnis etc. zu. Zudem wird der Konkurrenzdruck auf dem Markt, auf dem es sich zu behaupten gilt, härter.

Die Konsequenz daraus ist die Qualifizierung des Personals.

D. Qualifikationsstandort Bundesrepublik

Auch dieser Punkt soll mit einem kurzen aber aussagekräfigen Zitat von Alexander Koch, Vorstandsmitglied der Vereinigten Haftpflichtversicherung A.G. Hannover und Vorsitzender des Ausschusses für Bildungspolitik und Bildungsarbeit der Bundesvereinigung der Deutschen Arbeitgeberverbände Köln, sowie Vorstandsmitglied des Instituts der Deutschen Wirtschaft Köln, verdeutlichet werden:

"Die hohen Bildungsleistungen und der hohe Weiterbildungsstandard haben wesentlich zur Sicherung der internationalen Wettbewerbsfähigkeit der deutschen Wirtschaft beigetragen. D.h., die Bundesrepublik Deutschland hat ihre führende Rolle als Exportnation hochentwickelter Technologien durch den Qualifikationsvorsprung ihrer Mitarbeiter gesichert. Sie hat sich zum 'vorrangigem Qualifikationsstandort' in der Welt entwickelt. Zu dem alten 'Made in Germany' der Bismarckschen Ära tritt das neue Markenzeichen `Qualified in Germany´.
... Unser berufliches Aus- und Weiterbildungs-Know-How, zu dem das duale System der Berufsausbildung wie die betrieblichen Personal- und Weiterbildungskonzepte gehören, ist zu einem begehrten Artikel der Dienstleistungsexporte geworden.
Die Bildungswerke der deutschen Wirtschaft schulten beispielsweise bis 1992 jährlich über 600 russische Führungskräfte."[65]

Die wirtschaftlich-nationalen, die demographischen und die wirtschaftlich-technologischen Motive des wachsenden Interesses an betrieblicher Fort- und Weiterbildung dürften verdeutlicht haben, daß gemeinsames Ziel der jeweils speziellen Motivaspekte die Förderung der Humanressourcen ist. Man könnte sagen, daß der Mensch zum Produktionsfaktor schlechthin geworden ist. Seine Pflege gilt es weiter auszubauen.
Bei entsprechender Förderung auf diesem Gebiet, kann sich ein Unternehmen einen entscheidenden strategischen Vorteil gegenüber der Konkurrenz sichern.

Zudem ist ein Unternehmen, das seine Mitarbeiter fördert, auch für diese selber interessant. Weiterbildungsmöglichkeiten sind ein entscheidender Faktor bei der Stellenauswahl. Hierzu meint Manfred Beuchel, Geschäftsführer der Rheinmetall GmbH:

"Meine Erfahrung im Gespräch mit Hochschulabgängern ist, daß sie natürlich nach dem Einkommen fragen. Sie fragen auch, wie die Einarbeitungszeit gestaltet wird, aber vor allem, wie sie selber gefördert werden können. Das sind heute ganz entscheidende Kriterien für tüchtige junge Leute, und wenn man dieses Instrument verkümmern läßt, dann werden einem die jungen Leute von der Fahne gehen"[66].

Auch Andreas Schröter, Direktor der WestLB vertritt diese These:

" Den Mitarbeiter noch produktiver für das Unternehmen zu machen, das ist nur eine Facette" der Weiterbildung. "Der Mensch, der dahinter steht, hat natürlich auch ein persönliches Interesse, sich zu entwickeln, nicht nur im Sinne von Karriere. Beides unter einen Hut zu bringen ist eine Kunst. Sie können heute eher jemanden halten wenn sie ihm eine berufliche Entwicklung bieten können, als ihm 5000 Mark mehr in die Hand zu drücken.[67]"

Innere Kündigung, Krankheit und Unzuverlässigkeit nehmen ab, wenn ein Mitarbeiter sich mit seinem Betrieb verbunden fühlt.
Und die Förderung und Qualifizierung der Mitarbeiter ist ein Weg dorthin, da von einer Förderung nicht nur der Betrieb profitiert, sondern auch der Geförderte.

Also gibt es so Zufriedenheit und Gewinner auf beiden Seiten.

Erwünschte Schlüsselqualifikationen

Der Begriff "Schlüsselqualifikationen" wurde durch den Arbeitsmarktforscher Dieter Mertens geprägt. Mertens geht von einer "modernen Gesellschaft" aus, die sich durch einen hohen technischen und wirtschaftlichen Entwicklungsstand, durch Dynamik, Rationalität, Humanität, Kreativität, Flexibilität und durch Multi-Optionalität auszeichnet.

Um sich in einer solchen Gesellschaft behaupten, in ihr bewegen und dabei auch noch erfolgreich sein zu können, sind solche Schlüsselqualifikationen von Nöten.

Die Komplexität, die Mertens für moderne Gesellschaften ansetzt, führt dazu, daß Schlüsselqualifikationen keine einseitigen, rigiden Fachqualifikationen sein können.

Statt dessen handelt es sich hierbei um

"... solche Kenntnisse, Fähigkeiten und Fertigkeiten, welche nicht nur mittelbaren und begrenzten Bezug zu bestimmten, disperaten praktischen Tätigkeiten erbringen, sondern vielmehr
a) die Eignung für die große Zahl von Positionen und Funktionen als alternative Optionen zum gleichen Zeitpunkt und
b) die Eignung für die Bewältigung einer Sequenz von (meist unvorhersehbaren) Änderungen von Anforderungen im Laufe des Lebens"[68] gewährleisten.

Schlüsselqualifikationen sind also Fähigkeiten, die helfen Situationen zu meistern, obwohl diese neu und unerwartet sind. Ihre Wirkung ist auch nicht nur auf die Arbeitswelt beschränkt, sondern dient, ganz allgemein gesagt, zur Lebensbewältigung. Schlüsselqualifikationen sind also allgemeingültige und allgemein brauchbare Handlungsstrategien und Handlungskompetenzen. Dem Schlüsselqualifikationsansatz geht es insbesondere um den bewußten Erwerb von Erschließungskompetenzen.
Mertens differenziert Schlüsselqualifikationen in drei Ebenen:

Die personale, die berufliche und die gesellschaftliche Dimension.

Ähnlich unterteilt Münch in Alltagstugenden, Arbeitstugenden und Sozialtugenden.[69]

Unserer Meinung nach ist diese Unterteilung jedoch letztlich nicht sinnvoll, da es sich bei Schlüsselqualifikationen um Metaqualifikationen handelt, welche nicht nur beruflich-fachübergreifend, sondern auch dimensionsübergreifend sind.
Die Erwartungen, die an die Dimensionen gestellt werden, sind dermaßen miteinander verzahnt, daß eine sinnvolle Trennung fragwürdig ist.
Auch von dem Standpunkt der ganzheitlichen Betrachtungsweise sind Schlüsselqualifikationen als Kompetenzen zu sehen, die in allen drei Dimensionen Anwendung finden.

Konkret nennt Mertens vier Typen von Schlüsselqualifikationen:

- Die "**Basisqualifikationen**", gemeint sind damit Fähigkeiten wie logisches, analytisches, strukturierendes, konzeptionelles, dezisionistisches, kreatives Denken.
- Die "**Horizontalqualifikationen**" sind Fähigkeiten, Informationen zu gewinnen, aufzunehmen, zu interpretieren, zu verarbeiten und diese wieder anzubringen.
- Die "**Breitenelemente**" sind Kenntnisse und Fertigkeiten, die an vielen Arbeitsplätzen als praktische Anforderungen auftreten. Als Beispiele nennt Mertens Kenntnisse in Arbeitsschutz, Meßtechnik und Anlagenwartung.

- "**Vintage Faktoren**" sind Lerndefizite, die aus den veränderten Lehrplänen verschiedener Schülergenerationen auftreten
  Die entsprechenden Schlüsselqualifikationen wären hier:
  * Vorhandene Hemmschwellen vor Neuem ablegen zu können.
  * Eine Grundmotivation zu besitzen, und die eigene Motivationsbereitschaft selbst erhöhen zu können um diese Defizite auszugleichen.
  * Neue Aspekte und Ideen in sein Denkschema aufnehmen zu können.

Ein Beispiel für Lerndefizite ist die Mengenlehre, die erst in den siebziger Jahren in die Lehrpläne aufgenommen worden ist.

Hier herrscht ein Defizit bei den Generationen, die mit dieser mathematischen Denkweise nie in Berührung gekommen sind, das mit obigen Qualifikationen behoben werden kann.

An dieser Stelle sollen die bisher meist abstrakt formulierten Inhalte von Schlüsselqualifikationen zur Verdeutlichung konkretisiert werden.

- Selbstständigkeit
- Verantwortungsbewußtsein
- Fairneß
- Problemlösungsfähigkeit
- Entscheidungskompetenzen
- Kommunikationsfähigkeit
- Teamfähigkeit
- Logisches Denken
- Analytisches Vorgehen
- Strukturiertes Denken
- Dispositives Denken (Zweck-Mittel-Ökonomie)
- Kooperatives Vorgehen
- Kritisches reflektiertes Denken
- Dezisionistisches Denken (Risiko- Chancen-Ökonomie)
- Konzeptionelles Denken
- Kreatives Denken
- Kontextuelles Denken (Verstehen von Zusammenhängen)

Teichler u.a. haben in ihrer Zertifikatsstudie Anforderungen an soziale Qualifikationen bei Führungskräften erstellt, die in den Bereich der Schlüsselqualifikationen fallen.

Sie fordern als Qualifikationen:

1. "Arbeitsübergreifende Aspekte: ..., Engagement, Initiative, Interesse für berufliche Tätigkeit.
2. Kooperation und kommunikative Aspekte: Teamfähigkeit, Führungsqualifikation, Kontaktfähigkeit, Durchsetzungsvermögen, Integrationsfähigkeit.
3. Generelle Arbeitstugenden: Zielstrebigkeit, Effektivität, Stetigkeit, Leistungsbereitschaft, Belastbarkeit ...
4. Kognitive Kompetenzen ...
5. Allgemeine Persönlichkeitsmerkmale: Breite der Interessen und Orientierungen, Persönlichkeitsbild, Allgemeinbildung ...."[70]

Diese Kriterien gelten unserer Ansicht nach nicht nur für Führungskräfte, sondern für jeden, der heute im Arbeits- und Gesellschaftsprozeß steht.

Die Idee der Schlüsselqualifikationen ist jedoch nicht ganz neu, und auch nicht von Mertens erfunden worden. Sie gab es schon in weniger differenzierter Form unter anderen Namen. Bereits 1956 benutzte Darendorf die Begriffe "funktionale" und "extrafunktionale" Qualifikationen[71]. Letzterer Begriff entspricht etwa den Schlüsselqualifikationen.
1970 differenzierten Kern und Schumann in einer Analyse von Arbeitsplatzbedingungen zwischen "prozessabhängigen" und "prozessunabhängigen" Qualifikationen.[72] Weitere Begriffe sind Langzeitqualifikationen und multifunktionale Fähigkeiten. Im angelsächsischen Raum werden Schlüsselqualifikationen unter dem Namen "generic skills", im französischen unter "qualifications-clés" diskutiert.[73]

Betrachtet man jetzt die zuvor aufgelisteten Schlüsselqualifikationen, so stellt sich die Frage, welchen Vorteil sie im Vergleich mit einer fachspezifischen Weiterbildung erbringen?

Bedingt durch den raschen technischen Fortschritt in der Industrie veralten Fachkenntnisse in vielen Bereichen der Wirtschaft innerhalb kurzer Zeit.

Fachkenntnisse werden zu "Wegwerfqualifikationen," die schnell überholt sind. Die Folge ist eine permanente Entwertung der Beschäftigten.
Der Arbeitgeber muß seine Beschäftigten ständig schulen, um sie auf dem neuesten Stand zu halten.

"Durch diese Entwicklung veraltet praxisbezogenes, konkretes Wissen entsprechend schnell. Damit liegt es nahe, nach Qualifikationen zu suchen, deren "Obsoleszenztempo" entsprechend niedrig ist, also Schlüsselqualifikationen im Sinne von Langzeitqualifikationen."[74]

Ähnlich sieht es auch H. Schmidt:

"Fachliche Qualifikationen bleiben zwar zentraler Vermittlungsbestandteil beruflicher Bildung. Durch neue Formen der Arbeitsorganisation werden sie jedoch erst wirksam, wenn mehr als bisher soziale, fachübergreifende, also menschentypische, nicht maschinell ersetzbare Qualifikationen stärker gefördert und vermittelt werden."[75]

Die Betonung der Schlüsselqualifikationen bedeutet nicht, daß fachliche Fortbildungen überflüssig werden. Wichtig erscheint hier nur, daß deren Wirkung eng an Kommunikationsfähigkeit, Aufnahmefähigkeit, Umsetzungsfähigkeit, Motivations- und Aufnahmebereitschaft geknüpft ist.
Teuere fachliche Weiterbildungen sind sinnlos, wenn der Weiterzubildende sie nicht nutzen kann oder will!

Günstiger als eine dem technischen Fortschritt ständig hinterherhinkende Nachschulung, ist zudem eine Schulung in Breitenqualifikationen.

Diese Schlüsselqualifikationen sollten dann einen Arbeitnehmer dazu befähigen, daß er z.B nicht mehr auf das Erlernen der Anwendung eines neuen Softwareprogramms geschult werden muß, sondern daß er, da er mit ähnlichen Programmen schon gearbeitet hat und dadurch Sicherheit und Fachwissen erlangt hat, jetzt selbständig in der Lage ist, das neue Programm schnell zu erschließen, zu begreifen und sich dessen Möglichkeiten gründlich anzueignen.

Auch neue Entwicklungs-, Produktions-, Management- und Marketingformen, die den Taylerismus immer mehr ablösen und den Arbeitsprozeß ganzheitlicher angehen, machen es erforderlich, daß die Mitarbeiter ein großes Repertoire an Schlüsselqualifikationen besitzen. Nur so kann im Team effizient gearbeitet werden. Hier werden besonders Kommunikationstechniken, Kollegialität und Fairneß, innovatives Denken, fachübergreifendes Wissen und Toleranz benötigt. Anders sind Arbeitsformen wie Simultanious Engineering, Qualitätszirkel, und Line-Produktion nicht durchführbar.

Schlüsselqualifikationen sind Fähigkeiten, die jeder Mensch sich durch Sozialisation und Erziehung angeeignet hat.
Diese Aneignung ist jedoch ein mehr oder minder zufälliges Konstrukt, das Defizite aufweist, die sowohl durch die Persönlichkeit als auch durch das soziale Umfeld bedingt sein können.

Das Repertoire an zufällig zusammengewürfelten und in der Intensität unterschiedlich ausgeprägten Schlüsselqualifikationen ist wohl auch stark von der Kultur und der Gesellschaftsform abhängig, in der wir leben.

So ist in der Bundesrepublik und in westlichen Industriestaaten ganz allgemein z.B. das analytische, strukturierte Denken sehr stark ausgeprägt. Im Gegensatz dazu sind Fähigkeiten wie Kreativität und reflektiertes Handeln eher unsere Schwachpunkte. Auf diese Fähigkeiten wird in unserer Gesellschaft weniger Wert gelegt. Sie werden weniger gefördert und honoriert.

Auch ist uns, wie schon beschrieben, die japanische Kultur sowohl in Team- und Kooperationsfähigkeiten als auch in Bezug auf Loyalität zwischen Betriebleitung und Mitarbeiter weit voraus.
Der Ausgleich dieser Schlüsselqualifikationsdefizite ist eine Aufgabe der Erwachsenenbildung und der betrieblichen Fort- und Weiterbildung.

M. Kayser verweist
"..... auf die Erkenntnis, daß Schlüsselqualifikationen nicht nur vermittelt werden können, sondern ihre Förderung auch etwas mit der methodischen Ausgestaltung von Lehr- und Lernsituationen zu tun hat. Es müssen Lernräume geschaffen werden, die eine Weiterentwicklung von überfachlichen Kompetenzen und personalen wie sozialen Schlüsselqualifikationen erlauben. Dies ist auch als Hinweis darauf zu verstehen, daß diese sich in strikt hierarchischen, arbeitsteiligen, autoritären und fremdbestimmten Strukturen erst gar nicht entfalten können oder verkümmern..."[76]

Aus den in Kapitel 1 bereits genannten Gründen bietet sich als Methode und Medium zum Erwerb von Schlüsselqualifikationen in besonderem Maße die Erlebnispädagogik an. Hier können unter realen Bedingungen Schlüsselqualifikationen erworben, trainiert, ausprobiert und erweitert werden. Entsprechende Trainingsprogramme arbeiten teilnehmerorientierend und teilnehmeraktivierend , weil sie auch an den Interessen der Beteiligten ansetzten und diese als Katalysator zur Zielumsetzung benutzen.

Das Training baut auf der Idee des selbstbestimmten Lernens auf, weil der Teilnehmer sich auf der "Trial and Error" Ebene bewegt. Die Geschwindigkeit des Lernens kann individuell angepaßt werden, und die Gemeinschaft unterstützt und fördert den Lernprozeß.

Wann erscheint es nun sinnvoll, für einen Betrieb, eine Abteilung oder einen Mitarbeiter, Fortbildungsmaßnahmen im Bereich der Schlüsselqualifikationen anzusetzten?

Hierzu ist zunächst einen Analyse der Arbeitssituation erforderlich.
Es muß überprüft werden, welche Schlüsselqualifikationen benötigt werden, um der jeweiligen Arbeitssituation gerecht zu werden, oder sie und damit auch die Leistung zu verbessern.

Die folgende Graphik soll diesen Prozeß verdeutlichen:

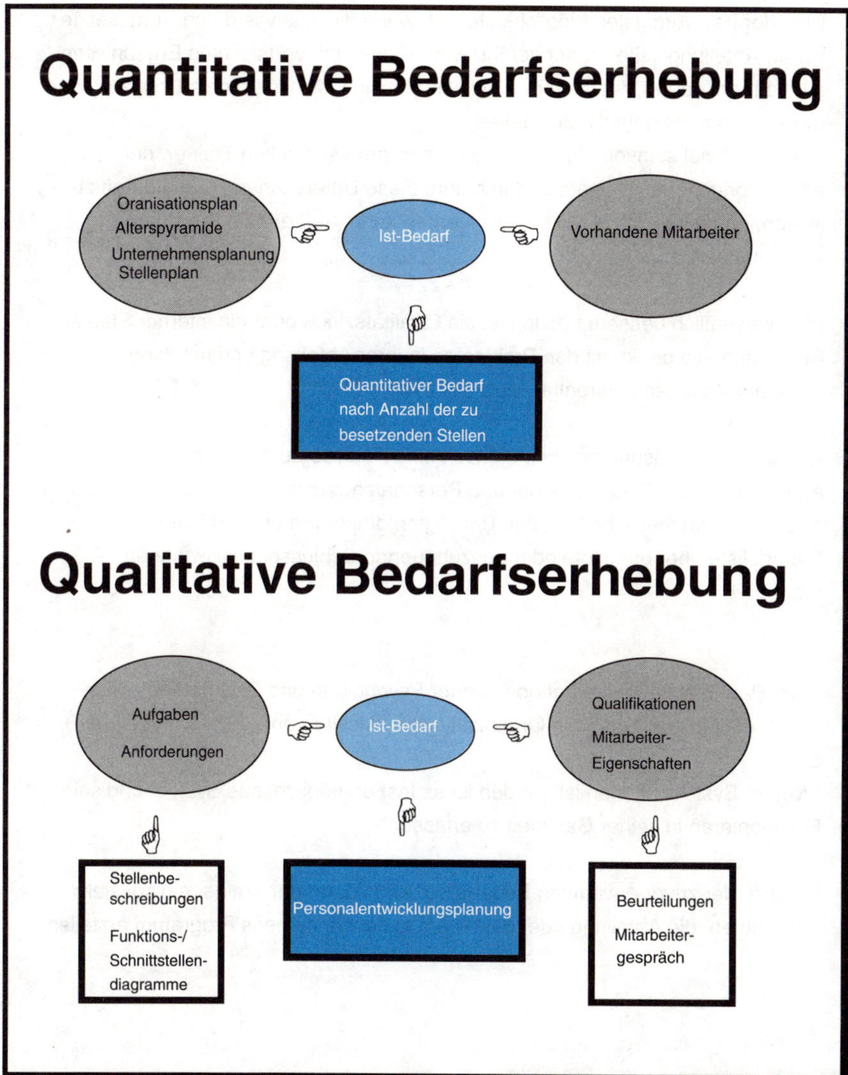

Abb.7: Die qualitative und quantitative Bedarfsermittlung von weiterbildenden Maßnahmen[77]

Diese Analyse kann auf verschiedene Weise erstellt werden:

Eine der fragwürdigsten Möglichkeiten ist, wenn die Analyse durch Vorgesetzte (Chef, Abteilungsleiter) durchgeführt wird. Hier ist mit verfälschten Ergebnissen zu rechnen, da die Mitarbeiter oft gezwungen sind, sich ins rechte Licht zu rücken, um nicht negativ aufzufallen.
Auch nicht viel sinnvoller erscheint es, einen professionellen Trainer, der erlebnisorientierte Maßnamen durchführt, diese Untersuchung durchführen zu lassen, da diesem immer unterstellt werden kann, daß er sein Programm verkaufen will.

Eine wesentlich bessere Lösung ist ein Qualitätszirkel oder ein interner Stab aus Beteiligten, die direkt mit den Problemen in ihrer Abteilung und mit denen einzelner Kollegen konfrontiert sind.

Als sinnvollste Lösung erscheint jedoch eine Analyse durch einen außenstehenden Organisations- und Personalentwickler, der die Untersuchung in direkter Zusammenarbeit mit den Beteiligten durchführt und mit ihnen eine Bedarfsliste über benötigte oder auszubauende Schlüsselqualifikationen erarbeitet.

Auch Paul Watzlawick, ein renommierter Psychologe und Systemtheoretiker, vertritt die Meinung, daß ein Organisationsentwickler von außen kommen muß, denn:
"Wer im System drinnen ist, für den ist es fast unmöglich, das System und sein Funktionieren in seiner Ganzheit zu erfassen"[78].

Mit Hilfe der zuvor erwähnten Bedarfsliste kann dann der Trainer ein speziell auf den Betrieb, die Abteilung oder das Team zugeschnittenens Programm erstellen.

Erlebnisorientierte Qualifikationsbeurteilung

Erlebnisorientierte Maßnahmen bieten sich nicht nur zum Erwerb von Schlüsselqualifikationen an, sondern sie können auch der Beurteilung schon vorhandener Qualifikationen dienen.

In Stellenausschreibungen wird immer mehr Wert auf das Vorhandensein von sozialen Qualifikationen gelegt.
Solch eine Stellenauschreibung könnte als Beispiel lauten:

"Für diese anspruchsvolle Aufgabe suchen wir den karriereorientierten Mitarbeiter. Aufgrund ihrer kommunikativen Stärken behalten sie auch in schwierigen Verhandlungen einen kühlen Kopf. Sie sind in der Lage, auf unterschiedliche Menschen einzugehen und sich schnell in neue Themenbereiche einzuarbeiten. Teamarbeit und zielorientiertes Arbeiten sind für Sie keine Fremdworte. Sozialkompetenz mit Blick auf das Wesentliche ist für Sie selbstverständlich".

Auf solche eine Anzeige bewerben sich meist viele Interessenten.
Hier richtige Auswahl zu treffen ist für die Verantwortlichen oftmals nicht leicht.
Fachliche Kompetenz läßt sich anhand der Zeugnisse erkennen. Soziale Kompetenz läßt sich nicht durch einen schriftlichen Nachweis ermitteln.

Hier läge für die Erlebnispädagogik ein weiteres Betätigungsfeld. So wie sich außerfachliche Qualifikationen auf einer erlebnispädagogischen Maßnahme vermitteln lassen, so kann man diese, von dem Betrieb gewünschten Anforderungen, bei den einzelnen Bewerbern auch überprüfen.

Während einer solchen Maßnahme kann z.B. beobachtet werden, wie jeder einzelne in Stressituationen reagiert, ob er handlungsfähig bleibt und ob er sich auf neue Situationen und Anforderungen spontan einstellen kann.

Entsprechende Beurteilungskriterien wären etwa:

* **Problemlösungsverhalten:**
  Wie methodisch und systematisch geht der Mitarbeiter die Lösung von Problemsituationen an?
* **Urteilsfähigkeit:**
  Wie vielseitig und realistisch ist seine Beurteilung und Bewertung von Situationen
* **Initiative und Durchsetzungsvermögen:**
  Wie energisch und ausdauernd verfolgt er Probleme?
* **Belastbarkeit, Stabilität:**
  Wie gut behält er die Ruhe und Übersicht in Streß- und Konfliktsituationen?
* **Kontaktverhalten und Kooperationsfähigkeit:**
  Wie aktiv nimmt er Kontakte zu anderen Personen auf? Wie positiv trägt er zum Gruppenklima bei?
* **Führungsverhalten:**
  Wie gewinnt er andere Personen für seine Ideen und Ziele, und wie kommuniziert er mit ihnen?
* **Soziale Aufgeschlossenheit:**
  Wie geht er auf verschiedene sachliche und persönliche Argumente von anderen ein?

Eine erlebnisorientierte Maßnahme ist folglich ein gutes Bewertungsinstrument für die Einstellungsauswahl neuer Mitarbeiter, die Mitarbeiterbeurteilung, die Potentialbeurteilung der Firma und die Laufbahnplanung, also die Besetzung von Stellen mit geeigneten Mitarbeitern.

Zusammenfassung

☺ Das Wesen einer Organisation ist intern von vier Faktoren geprägt:

- den Beteiligten,
- den Ziele,
- der Struktur
- und der Technologie.

Erst in jüngster Zeit kam der Faktor "Umwelt", in die jede Organisation unbestreitbar eingebettet ist, hinzu.
Sowohl zwischen den vier Faktoren untereinander als auch zu der relevanten Umwelt bestehen ständige Wechselbeziehungen.

Grob vereinfacht gibt es drei Organisationsmodelle, die sich zeitlich getrennt voneinander entwickelt haben. Alle drei Formen lassen sich heute noch finden, allerdings selten in ihrer Reinform, eher als Mischform.

- Das "Rationale Modell", das strenge Hierarchien aufweist, ist ein sehr rigides System, das bei vorhandener Konkurrenz kaum bestehen kann. Hier herrschen sachlich formale Strukturen und Kontrollmechanismen.

- Das "Natürliche Modell", ist zwar auch hierarchisch aufgebaut, weist jedoch weit mehr Delegationsanteile und Abgabe von Kompetenzen und Macht nach unten auf. Der Mitarbeiter wird hier als wichtiger Faktor betrachtet und gefördert. Es wird auf informelle Strukturen gesetzt.

- Das "offene Modell". Dies ist ein ganzheitliches Modell, das auch die relevante Umwelt mit einbezieht. Die Mitarbeiter werden als der wichtigste Bestandteil der Organisation betrachtet und entsprechend mit Kompetenzen und Aufgaben betraut. Die Humanressourcen werden hier extrem gefördert. Dieses Modell kommt in seiner Reinform in westlichen Industriestaaten kaum vor. Vorstöße in diese Richtung werden meist nur aufgrund von Konkurrenzdruck unternommen. Dieses Modell ist den anderen weit überlegen.

☺ Warum sich vor allem das "rationelle Modell" und später das "Natürliche Modell" bei uns durchsetzten, ist in der ausgeprägten Entwicklung des Individualismus zu sehen, der auch heute noch unsere Gesellschaft und damit auch unsere Wirtschaft bestimmt. Der Starke und Tüchtige, der sich durchzusetzen weiß, kommt nach oben. Der Individualismus hatte sowohl seine positiven Seiten, wie die Emanzipation des Einzelnen, als auch negative, wie den sich immer mehr ausbreitenden Egoismus und den Betriebsdarwinismus.

☺ Ein Umdenken und Infragestellen des Individualismus kam erst zustande, als Japan nach dem Krieg zu einer Weltwirtschaftsmacht aufstieg und die westlichen Industriestaaten in arge Bedrängnis brachte.

☺ Im Gegensatz zu unserer Gesellschaft ist die japanische kollektivistisch aufgebaut. Es gibt zwar auch Hierarchiebenen, diese sind jedoch wesentlich flacher und weniger linear angelegt als bei uns. Die Gesellschaft wie auch die Wirtschaft baut auf Gemeinsamkeit, gegenseitige Loyalität (auch Abhängigkeit) und Zusammenarbeit. Nicht was der einzelne leistet, sondern was er im Team und mit dem Team schafft, zählt.

Dadurch wird ein den westlichen Industriestaaten gegenüber entscheidender Vorteil erreicht. Denn ein Team kann mehr leisten als die Summe der Kräfte seiner Mitglieder. Zudem müssen sich die Japaner die Fähigkeit zum Teamwork nicht noch mühsam aneignen. Sie ist vielmehr in ihrer jahrtausende alten Kultur verankert.

☺ In der Betriebswirtschaftslehre des Westens wurde der Mensch schon lange Zeit als Humankapital und Produktionsfaktor gesehen. Doch wurde ihm, ganz im Gegensatz zu Japan, geringere Bedeutung beigemessen. Es wurde hauptsächlich versucht, die beiden anderen Produktionsfaktoren, nämlich die Betriebsmittel und die Werkstoffe zu optimieren. Erst mit dem raschen technischen Wandel und der damit verbundenen Inflation des Fachwissens, den schnell wechselnden Marktanforderungen und den neuen Entwicklungs- und Produktionsmethoden der japanischen Konkurrenz stellte sich in der westlichen Wirtschaft langsam ein Umdenken ein. Unterstützt wurde dies noch durch das Wettrüsten zwischen Ost und West, durch Arbeitskraftbedarfsprognosen und durch die rückläufige Geburtenrate. Die Humanressource als Wirtschaftsfaktor wurde allmählich ernst genommen und gefördert.
Durch den entstandenen Fort- und Weiterbildungsboom wurde und wird versucht, diese Ressource voll auszuschöpfen. Profitieren können davon sowohl die Arbeitgeber, als auch die einzelnen Arbeitnehmer.

☺ Aufgrund des schnellen Alterungsprozesses von berufsspezifischem Fachwissen stellte sich bald heraus, daß eine Weiterbildung im Fachbereich allein nicht sinnvoll ist. Es wurde nach allgemein anwendbaren Kompetenzen gesucht. Mertens bezeichnete diese als Schlüsselqualifikationen. Sie bieten den Schlüssel, sich neues Wissen schnell anzueignen, es zu übertragen und damit sicher mit neuen Situationen und Anforderungen umzugehen.

Auf fachbezogene Schulungen kann zwar nicht gänzlich verzichtet werden, diese können jedoch, falls entsprechende Schlüsselqualifikationen vorhanden sind, stark verkürzt und komprimiert werden.

Ein besonders geeigneter Weg zum Erwerb von Schlüsselqualifikationen ist das "Erlebnisorientierte Lernen".
Diese Methode kann auf bestimmte Probleme abgestimmt und auf vorhande Defizite zugeschnitten werden. Sie stößt selten auf Ablehnung der Teilnehmer, da sie an deren Interessen, die ihrerseits wiederum als Katalysator für den Erwerb der eigentlichen Schlüsselqualifikationen dienen, anknüpft.

☺ Erlebnisorientierte Maßnahmen eignen sich nicht nur zur Schulung bestimmter Qualifikationen, sondern auch zur Beurteilung und Überprüfung bereits vorhandener .Dadurch erhält die Personalabteilung ein wichtiges Bewertungsinstrument.

Kapitel 3:

Auf welches Rüstzeug und welche Orientierungshilfen kann sich der Trainer in der Praxis stützen?

An dieser Stelle soll die erlebnisorientierte Teamentwicklung anhand einer praxisnahen Darstellungsweise verdeutlicht werden. Zwar läßt es sich auch hier nicht vermeiden, die Themen theoretisch abzuhandeln, jedoch soll versucht werden, Praxisbezüge durch Beispiele und das Vorstellen exemplarischer Vorgehensweisen herzustellen.

Zunächst muß überlegt werden, wie die kommunikative Vermittlung in der Gruppe, hier speziell bei Erwachsenen, aussehen soll und welche Methoden sich hierfür besonders anbieten.
Auf eine Methode, die themenzentrierte Interaktion, wird dann näher eingegangen werden. Zwar kann sie nicht in ihrer Gesamtheit vorgestellt werden, jedoch ist intendiert, die Thematik so zu verdichten und zu verkürzen, daß ein Bild von der themenzentrierten Interaktion entsteht, das die Vorteile dieser Methode deutlich werden läßt.

Als nächstes wird das Augenmerk auf den Teamentwickler gerichtet, der die erlebnisorientierten Maßnahmen mit dem Arbeitsteam durchführen soll. Es stellt sich die Frage, welche Fähigkeiten, Kompetenzen und Charaktereigenschaften er mitbringen muß und welche Aufgaben er hat. Dabei soll die themenzentriete Interaktion weiterhin als Orientierungshilfe dienen.

Der folgende Punkt in diesem Kapitel ist die Planung und Vorbereitung einer derartigen Bildungsmaßnahme, wobei nicht auf so periphere, wenngleich auch wichtige Dinge wie z.B. Speiseplan und Einkaufsliste eingegangen werden soll, sondern vielmehr auf die Problemfindung im Betrieb, die in den Bereich der Organisationsentwicklung hineingehört und die Erstellung eines Curriculums zur Beseitigung dieser Probleme. Dazu stellen wir ein Planungschema vor.

Dann sollen Bereiche der Gruppendynamik, ohne deren Erkenntnisse eine Team nicht geplant, verändert, geleitet und anaslysiert werden kann, vorgestellt werden. An dieser Stelle wird ein kurzer Fragenkatalog eingefügt, welcher der Gruppenanalyse dient.

Anschließend folgen Überlegungen zur Wahl eines richtigen Zeitpunktes, also wann ein erlebnisorientiertes Seminar sinnvoll ist.

Die Reflektion und damit die Aufarbeitung und der Transfer des Erlebten und Erlernten ist der vorletzte Punkt, bevor dann abschließend der Sinn einer Nachbereitung von Bildungsmaßnahmen angesprochen wird.

Methoden

Um ein erlebnisorientiertes Seminar mit dem Ziel des Erwerbs von Schlüsselqualifikationen durchzuführen, muß sich der Trainer Gedanken über die Art der Vermittlung, die Didaktik, die Vorgehensweise etc. machen.
Da es sich in diesem besonderen Fall um erwachsene Menschen handelt, die mehr oder minder erfolgreich im Berufsleben stehen, ist eine lehrmeisterliche Vorgehensweise, wie sie an unseren Schulen üblich ist, nicht angebracht.

Man sollte sich mit der Auswahl der Methoden an die gängigen Ansätze der Erwachsenenbildung halten.
Beispiele wären hier lebenswelt- und teilnehmerorientierte-, als auch sozialisationstheoretische Ansätze.
Diese Ansätze hier genauer zu erläutern, würde jedoch den Rahmen dieser Arbeit sprengen.

Die Themenzentrierte Interaktion

Uns scheint für die erlebnisorientierte Erwachsenenbildung die "Themenzentrierte Interaktion" die geeigneteste Methode zu sein.

Die Themenzentrierte Interaktion, kurz TZI genannt, wurde in den Jahren 1945 - 1965 von Ruth Cohn entwickelt.
Die TZI ist der humanistischen Psychologie zuzuordnen, wird jedoch noch stark von der Psychoanalyse und der Gestalttherapie beeinflußt.[79]
Sie kann als Therapieform eingesetzt werden, ist aber in erster Linie eine Methode, um sowohl Gruppen, als auch sich selber zu leiten.
Sie ist eine Arbeitsform, die auch in der Organisationsentwicklung erfolgreich Anwendung findet.

"TZI in der Wirtschaft kann uns dahin führen, unsere Aufgabe als Führungskraft, als ErwachsenenbildnerIn, BeraterIn, Personal- oder OrganisationsentwicklerIn, als MitarbeiterIn oder Externe(r) besser, verantwortlicher und menschlicher zu tun."[80]

Die TZI

- dient dazu, Lerninhalte zu vermitteln,
- bezieht sowohl den Körper als auch die Psyche in den Gruppen- und Lernprozeß mit ein,
- erhält ihre Lebendigkeit durch eine achtungsvolle Einstellung zur individuellen Gefühlswelt jedes einzelnen und zur Menschheit ganz allgemein,
- ist auch eine Methode, schwierige Situationen, sowohl bei einzelnen als auch bei Gruppen, zu meistern.[81]

Eine wichtige Aussage der TZI ist, daß der Mensch zwar in der Lage ist, rational zu lernen, es jedoch sinnvoller ist, ihn als psychosomatisches, sinnlich-gefühlsbetontes Wesen zu betrachen.

Die Themenzentrierte Interaktion kann also als ganzheitlicher Ansatz betrachtet werden.[82]

In diesem ganzheitlichen Rahmen geht TZI davon aus, daß jede Gruppeninteraktion, also auch das Lernen in der Gruppe, von drei Faktoren gekennzeichnet ist:[83]

- dem "ICH"
- dem "WIR"
- und dem "Es".

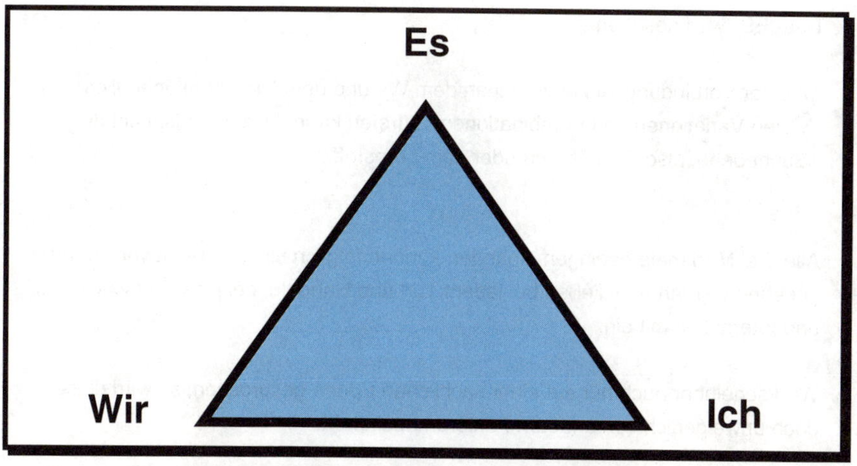

Abb.8: Die bestimmenden Merkmale einer Interaktion

Unter dem "ICH" versteht die TZI[84]

- die Summe aller Aspekte der Persönlichkeit,
- die Identität, also die Übereinstimmung von Werten, Zielen und Handlungen in der Person,
- die Individuation, der Weg zu Selbstverwirklichung,
- und das Selbstkonzept, als bestimmender Faktor für körperliches und seelisches Wohlbefinden.

Das "WIR" wird betrachtet

- als Antrieb zur Tätigkeit und zur Produktivität,
- als sozialer Bezugsrahmen,
- und als Entfaltungsmöglichkeit.

Das "ES" wird gesehen

- als der Verbindungsanker zwischen dem Wir und dem Ich, der in unendlich vielen Variationen und Kombinationen auftreten kann. Das Es entspricht der Sachebene, also dem Thema oder dem Lernstoff.

Alle drei Merkmale bedingen einander, können folglich nicht getrennt voneinander gesehen werden und fließen bei jedem Tun und Handeln, bei jeder Entscheidung und Interaktion mit ein.

Wird scheinbar auch nur auf einer sachlichen Ebene gesprochen, so wird diese doch unweigerlich von anderen Faktoren beeinflußt.

Hier bietet sich das Beispiel eines Eisberges an, von dem sich bekanntlich nur etwa ein Siebtel sichtbar über der Wasseroberfläche befindet. Aber auch der unsichtbare Teil gehört zu ihm und läßt sich nicht wegleugnen.

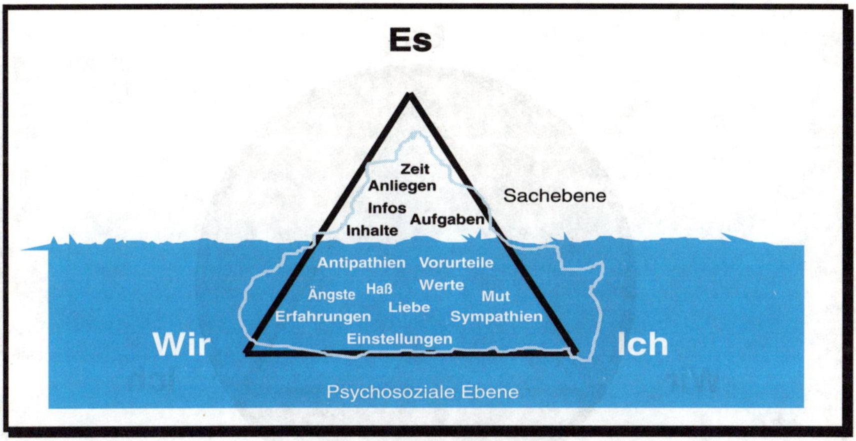

Abb.9: Der Eisberg im Dreieck[85]

Alles was unter der Wasseroberfläche liegt, hier also die psychosoziale Ebene, beinflußt trotzdem die Sachebene.
Ist dies bekannt, so kann damit umgegangen werden, oder wenn unbedingt nötig, kann die psychosoziale Ebene bewußt und leichter herausgehalten, und zu einem späteren Zeitpunkt geklärt werden.
Das wäre immer noch besser, als würde man sie einfach ignorieren.

Da es sich bei der Themenzentrierten Interaktion um einen ganzheitlichen Ansatz handelt, darf hier wiederum nicht die Umwelt, in der wir leben, in der TZI "der Globe" genannt, vergessen werden.

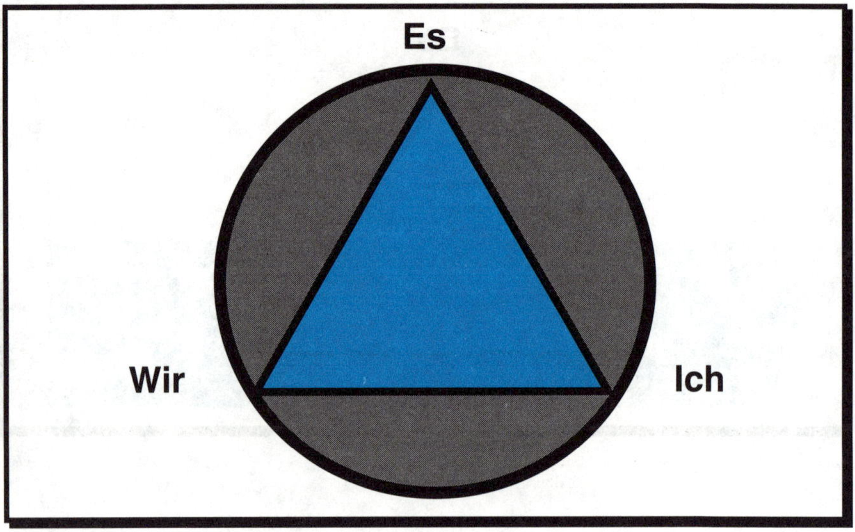

Abb.10: Der Kreis stellt die Umwelt dar.[86]

Diese Umwelt, also unser soziales und naturgegebenes Umfeld, hat uns geprägt und beeinflußt uns ständig in allen unseren Absichten, Handlungen und Gedanken.
Keiner kann sich davon frei machen.

Diese Tatsache bewußt zu beachten, ist der Anknüpfungspunkt sowohl zum Sozialisationsansatz, als auch zur Teilnehmer- und Lebensweltorientierung.

Die Axiome

"Zu wissen, daß jeder Mensch zählt
ob schwarz, weiß, rot, gelb, oder braun.
Die Erde zählt. Das Universum zählt.
Mein Leid zählt, Dein Leid zählt.
Wenn Du Dich nicht um mein Leid scherst
und mir Dein Kummer gleichgültig ist, so
werden wir beide von Hunger, Massenmord,
Krankheit ausgelöscht werden."[87]

(Ruth Cohn)

Die Themenzentrierte Interaktion baut auf drei Axiomen, also unbewiesenen Annahmen auf, die Ruth Cohn aufgestellt hat, und die ganz allgemein die anthropologisch-philosophischen Ideen der humanistischen Psychologie wiedergeben:

1. "Der Mensch ist eine psychobiologische Einheit und ein Teil des Universums. Er ist darum gleicherweise autonom und interdependent. Die Autonomie des einzelnen ist um so größer, je mehr er sich seiner Interdependenz mit allem und allen bewußt wird.

2. Ehrfurcht gebührt allem Lebendigen und seinem Wachstum. Respekt vor dem Wachstum bedingt bewertende Entscheidungen. Das Humane ist wertvoll; Inhumanes ist wertbedrohend.

3. Freie Entscheidung geschieht innerhalb bedingender innerer und äußerer Grenzen. Erweiterungen dieser Grenzen sind möglich."[88]

Zu Axiom 1:

Hier handelt es sich um das existenziell-anthropologische Axiom.
Der Mensch wird im holistischen Sinne als eine Einheit aus Körper, Gefühlen, Intellekt und gemachten Erfahrungen gesehen. Diese einzelnen Merkmale können zwar separat betrachtet, also analytisch getrennt werden, existieren real aber nur als interdependente Elemente eines Systems. Sie zusammen bilden den individuellen Menschen und seine Persönlichkeit. Zwischen den Merkmalen bestehen Abhängigkeiten und Balance.
Wird ein Merkmal verändert, so hat dies immer auch Auswirkungen auf die anderen und somit auf den ganzen Menschen.
Dieser individuelle Mensch wiederum ist ein Teil eines Ganzen, also der Familie, der Arbeitsstelle, der Welt und letztlich des Universums. Wie obige Merkmale steht jede dieser Ganzheiten in abhängigen, auf Balance abzielenden Beziehungen zu anderen Elementen. Mit diesem Bewußtsein ist der einzelne besser in der Lage, sich dafür einzusetzen, was ihm als wertvoll und wichtig erscheint.

Zu Axiom 2:

Hier handelt es sich um das ethisch-soziale Axiom.
Es betrachtet den Menschen als den "Mittelpunkt der Schöpfung" oder weniger klerikal ausgedrückt, als "das Zentrum des bisher Bekannten im Universum"

Alle Aktivitäten, die den humanen Fortbestand der Menschheit fördern, sind als wichtig zu betrachten. Diejenigen, die den Fortbestand gefährden, sind zu verurteilen. Diese Aufgabe soll nicht den Politikern und anderen Verantwortungsträgern zugeschoben werden, sondern jeder ist hier dazu aufgefordert, bei sich selbst anzufangen, also selber Verantwortung zu übernehmen.

Zu Axiom 3:

Ruth Cohn interpretiert ihr drittes, das pragmatisch-politische Axiom so:

"Freiheit im Entscheiden ist größer, wenn wir gesund, intelligent, materiell gesichert und geistig gereift sind, als wenn
wir krank, beschränkt und arm sind, oder unter Gewalt und mangelnder Reife leiden."[89]

Es besteht also die Notwendigkeit unsere Umwelt so zu gestalten, daß ein größtmögliches Maß an Freiheit vorhanden ist.
Also ein Appell an den einzelnen und die Gesellschaft!

Die Postulate

Aus den Axiomen, die den philosophischen Hintergrund für die TZI bilden, entwickelt Ruth Cohn zwei konkrete Forderungen an den Menschen. Forderungen, die dem Ideal einer gesunden, ausgereiften Persönlichkeit entsprechen Forderungen, denen der einzelne sich prozeßartig annähern soll. Sie sind die Grundlage für eine starke, gereifte Persönlichkeit und somit auch für ein gut funktionierendes Team.

1. Postulat:

"Sei dein eigener Chairman/deine eigene Chairwoman, sei die Chairperson deiner selbst"[90]

Wenn ich anderen
mein Leben überlasse,
wird es nie ganz meines
(Barbara Langmark)

Gemeint ist damit: sei der Führer deiner selbst, sei eigenverantwortlich, nimm dein Leben selber in die Hand, sei du selbst, akzeptiere dich, oder ändere dich in die Richtung hin, die du für nötig hältst, aber bleibe echt dabei!
Leite dich selbst und sei bereit, andere zu leiten!

"Das Chairman-Postulat ist Ausdruck des Zutrauens in die Fähigkeiten des Menschen, so er nicht in Gittern lebt oder krank ist, sich selbst zu leiten oder zu organisieren, mehr und mehr die Verantwortung für sich selbst und andere zu übernehmen. ... Es appelliert daran, Ambivalenzen in uns zu koordinieren und Prioritäten zu setzen."[91]

Nachfolgend wird zur Erläuterung eine Tabelle aufgeführt, die das erste Postulat in verschiedener Hinsicht ausdifferenziert.

Im persönlichem Bereich:	Im persönlichem Bereich:
Allein sein	**Mit anderen sein**
Als individuelle Persönlichkeit da stehen, als solche wachsen und sich verwirklichen	In der Solidarität mit anderen stehen, gemeinsame Ziele anstreben und verwirklichen.
Die eigenen Fähigkeiten und Eigenschaften so zu akzeptieren, wie sie sind.	Veränderungen und Persönlichkeit und Wachstum zulassen.
Dinge, Zustände und das Verhalten anderer Menschen so hinzunehmen, wie es sich zeigt.	Mitmischen, sich einmischen, für Veränderung aktiv werden.
Neues lernen wollen oder müssen	Am Vertrauen beharren
In der Leitungsfunktion:	**In der Leitungsfunktion:**
Als Leiter dem Raum geben, was gerade im Raum ist, was sich in der Gruppe entwickelt. Zulassen, warten, reifen lassen.	In Prozesse aktiv eingreifen und sie mitgestalten, ggf. beschleunigen oder verzögern, Situationen "herstellen".
Teilnehmer und Mitarbeiter mit Informationen, "Stoff" füttern.	Teilnehmer und Mitarbeiter auf die Suche nach Informationen und Theorie schicken.

Abb.11: Die Bedeutung des eigenen Chairman seins.[92]

2. Postulat:

"Störungen haben Vorrang"[93]

*"Ich muß wohl zwei oder drei Raupen
aushalten, wenn ich die Schmetterlinge
kennenlernen will", sagte die Blume
zum kleinen Prinzen.*

(Antoine De Saint-Exupéry, Der kleine Prinz)

Diese kurze Aussage macht klar, daß ein Weg zurückgelegt werden muß, um an ein Ziel zu gelangen. Auf diesem Weg begegnen einem oft Hindernisse, Unannehmlichkeiten und Probleme, also Störungen die den Weg behindern. Bildlich gesehen kann es ein Fels sein, der den Weg versperrt. Ich kann diesen Fels aus dem Weg räumen, ihn umgehen, darüber hinwegsteigen, einen neuen Weg suchen oder auch aufgeben und umkehren. Ignorieren kann ich den Fels jedoch nicht.

Das gleiche gilt auch für Störungen in mir selbst, bei anderen und für Störungen in Gruppenprozessen.
Meist wird versucht, diese Störungen zu ignorieren. Folgen davon sind unzureichende Ergebnisse und oft ein größerer Zeitaufwand, als eine Beseitigung des Problems und das damit verbunde effektivere Ergebnis beansprucht hätte.

Ein derartiges Problem kann z.B. am grünen Tisch eine Antipathie oder Konkurrenz zwischen zwei Personen sein, die jedoch zusammenarbeiten müssen.
Das Ergebnis ist, daß sie, scheinbar miteinander, tatsächlich jedoch gegeneinander arbeiten.

Profitieren werden dadurch weder der Betrieb, noch die einzelnen Parteien. Energien werden falsch eingesetzt und verschwendet. Auch bei der nächsten Zusammenkunft wird dieses Problem wieder auftauchen und die Arbeit behindern.

Deshalb hat die Beseitigung der Störung Vorrang vor allem anderen, insbesondere vor den sogenannten sachlichen Dingen, dem "Es".

Die Quellen von Störungen können sehr vielschichtig sein. Sie können in einer Person wurzeln (etwa private Schwierigkeiten), in der Gruppe, (ungleiche Zusammenstellung), oder aber am Thema liegen (Unter- oder Überforderung).

Nicht immer können alle Störungen beseitigt werden, jedoch oftmals viele. Häufig genügt schon eine Thematisierung des Problems und eine Aussprache.
Kann eine Störung nicht in einem angemessenen Zeitrahmen beseitigt werden, dann sollte jedoch zumindest ein entsprechender, gemeinsamer Modus gefunden werden, um die Störung zu umgehen, damit besser und produktiver weitergearbeitet werden kann.

Da jeder sein eigener Chairman ist, sollte auch jeder, sobald er bei sich oder bei anderen eine Störung feststellt, diese ansprechen. Ebenso wie sich keiner persönlich angegriffen fühlen sollte, wenn er als Ursache einer Störung genannt wird. Dies klappt jedoch nur in einer Atmosphäre, in der Offenheit herrscht.

Die Hilfsregeln

Als letzte Vorgaben gibt es in der TZI noch die Hilfsregeln.

Diese sollen helfen, sich selber zu leiten und in der Gruppe eine Struktur zu schaffen. Die Hilfsregeln sind nicht absolut und allgemeingültig zu sehen. Sie können in jeder Konstellation ausgeweitet, verändert, angepaßt oder verkürzt werden. Sie müssen flexibel gehalten werden. Eine statische Anwendung der Hilfsregeln wäre ein Mißbrauch.
Wir möchten an dieser Stelle nur einige aufzählen, um ihren Sinn zu verdeutlichen:[94]

- **Vertrete dich selbst!**
- **Wenn du eine Frage stellst, dann überlege dir, warum du sie stellst und was sie für dich bedeutet!**
- **Interpretiere andere möglichst nicht, sondern drücke deine persönlichen Reaktionen aus, um den anderen nicht zu verletzen oder bei ihm Gegenreaktionen auszulösen!**
- **Halte dich mit Verallgemeinerungen zurück, denn sie unterbrechen den Gruppenprozeß!**
- **Wenn du Aussagen über den Charakter oder das Benehmen eines Teilnehmers machst, dann sage auch, was es für dich bedeutet, daß er so ist! Dies dient der Vermeidung von "Prügelknaben" und fördert den Dialog!**
- **Seitengespräche haben Vorrang! Sie stören den Gruppenprozeß, sind jedoch meist wichtig!**

Dieser kurze Abriß der Axiome, Postulate und Hilfsregeln soll genügen, um sich über die Theorie und die Vorgehensweise in der TZI ein Bild zu machen.

Anforderungen an den Teamentwickler

Der Teamentwickler, Trainer, Leiter oder wie wir ihn auch immer bezeichnen wollen, muß ein großes Repertoire an Fähigkeiten, Fachwissen, aber auch fachübergreifendem Wissen und Schlüsselqualifikationen mit sich bringen.

Sich diese Fähigkeiten anzueignen, bedarf einer langen Zeit. Es ist deshalb sinnvoll, die Leitung erlebnisorientierter Maßnahmen Personen zu überlassen, die bereits eine entsprechende Ausbildung besitzen. Geeignet sind hierfür z.B. Psychologen und Sozialpädagogen. Sie haben im Rahmen ihres Studiums gelernt, mit Menschen zu arbeiten, Gruppen zu leiten, Gruppenprozesse zu analysieren und zu steuern. Sie besitzen das Handwerkszeug, Probleme und Konflikte aufzufangen, diese zu bearbeiten und zu lösen.

Wird von dem Trainer die Methode der TZI herangezogen, so ist auch hier eine lange und gründliche Ausbildung erforderlich. Die Grundzüge sind zwar schnell erfaßbar, aber um fundiert mit der TZI arbeiten zu können, ist ein tieferer Einstieg in die Materie Vorraussetzung.[95]

Zudem ist ein fachübergreifendes Wissen bei der Durchführung von erlebnisorientierten Maßnahmen erforderlich.
Es wäre z.B. unverantwortlich, mit einer Gruppe in Schlauchbooten ein Wildwasser zu befahren, ohne sich vorher eingehend mit der Technik des Raftens, dem Element Fluß und seinen speziellen Besonderheiten, den möglichen Gefahren und dem Umgang mit den technischen Mitteln, wie Booten, Rettungswesten, Wurfsäcken etc. auseinanderzusetzen.

Ein unerfahrener "Trainer" würde in diesem Fall sich und das Leben anderer gefährden!
Der Leiter einer solchen Aktion trägt nicht nur eine moralische, sondern auch eine rechtliche Verantwortung und kann im Ernstfall zur Rechenschaft herangezogen werden.

Er muß also wissen was, und warum er etwas macht, muß die Risiken und Gefahren abschätzen können und muß die Fähigkeit besitzen, selbst in Krisensituationen noch handlungsfähig zu bleiben und angemessen zu reagieren.

"Gerade im Hinblick auf das Freiluftleben sind zumindest grundlegende Kenntnisse im Segeln, Kanufahren, sowie Leben in der Natur fast unumgänglich. Zugleich muß er ... in psychischer und physischer Hinsicht belastbar sein, um auch in kritischen, gefährlichen Situationen den Überblick nicht zu verlieren."[96]

Auch sollte der Leiter zumindest im Groben wissen, in welchen Bereichen und in welcher Konstellation die Teilnehmer arbeiten und was dort ihre Aufgaben sind. Das heißt, er braucht auch ein gewisses Maß an wirtschaftlichem, betriebswirtschaftlichem und arbeitstechnischem Wissen.

"Wichtig ist zudem, daß ich mich als Leiter bzw. Mitarbeiter persönlich mit meinen Grenzen, Fähigkeiten, Ängsten und meiner Betroffenheit einbringe und eine eindeutige Orientierung ... biete."[97]

Der Trainer muß in der Lage sein sich selbst, sein Verhalten und sein Handeln zu reflektieren.

Aus dem Verständnis der TZI heraus ist ein Leiter nie nur Leiter, sondern auch immer Teilnehmer. Dies kann bei ihm zu Interrollenkonflikten führen.
Um Probleme dieser Art zu vermeiden, sollte der Teamentwickler sein Selbstverständnis zu dieser, seiner Rolle definieren.
Wichtig ist auch, daß er beachtet, daß in seine konkrete Leitungstätigkeit seine persönlichen Erfahrungen mit eingehen. Bildlich gesprochen leiten die Personen, mit denen er in einer Beziehung stand oder steht, das Team als Schatten mit.

Deshalb ist eine ständige Reflexion des eigenen Ichs nötig, um "... diese Schatten zu sortieren und gegebenenfalls aufzulösen, damit sie uns nicht unzweckmäßig ins Handwerk pfuschen"[98].

Dem Trainer muß klar sein, daß er aufgrund seiner Rolle immer Vermittler von bewußten und unbewußten Botschaften ist. Er wird immer als Modell fungieren, negativ oder positiv. Er muß also, um Offenheit im Team zu erreichen, selber den Anfang machen und sich nicht nur von seiner Sonnenseite präsentieren. Er darf sich nicht hinter der Rolle des Leiters verstecken. Er muß sich öffnen, auch Tiefen und Schwächen zeigen und somit die anderen Teilnehmer ermutigen, selbst echt zu bleiben.

Allgemeine Charaktereigenschaften, die ein Gruppenleiter nach R. Cohn haben oder sich aneignen sollte, sind Wärme, Toleranz, Emphatie, also Einfühlungsvermögen, eine positive Einstellung zum Menschen, Takt, Mut und Intuition.
Unter Intuition versteht sie Erkenntnis, Interpretation, Vorahnung und im schöpferischen Bereich, Inspiration. R. Cohn sieht die Intuition als eine bei allen Menschen vorhandene Fähigkeit, die gefördert und trainiert werden kann.

Die Aufgabe des Teamentwicklers ist es nicht, als Lehrmeister zu fungieren und den Teilnehmern zu sagen, was sie sich, wie, aneignen sollen. Zwar muß manchmal, vor allem am Anfang auf diese Methode zurückgegriffen werden, z.B. um den Sinn und die Regeln der TZI den Teilnehmern zu verdeutlichen, oder ihnen beispielsweise die Grundtechniken des Raftens beizubringen, das sollte jedoch die Ausnahme bleiben.

Die eigentliche Aufgabe des Leiters ist es, den Gruppenprozeß so zu steuern, daß das zu ereichende Ziel angestrebt wird.
Er ist dafür zuständig eine akzeptierende, nicht verurteilende Grundatmosphäre zu schaffen und die äußeren Rahmenbedingungen so zu gestalten, daß der Lernprozeß begonnen und in Gang gehalten werden kann.

Der Lernprozeß an sich sollte von der Gruppe ausgehen.
Der Teamentwickler greift nur noch bei Bedarf steuernd in das Geschehen ein.

Ziehen wir zur Veranschaulichung noch einmal das TZI-Dreieck heran. Es ist Aufgabe des Trainers zwischen den drei Faktoren ICH, WIR und dem ES, dem Thema, die Balance zu halten[99].

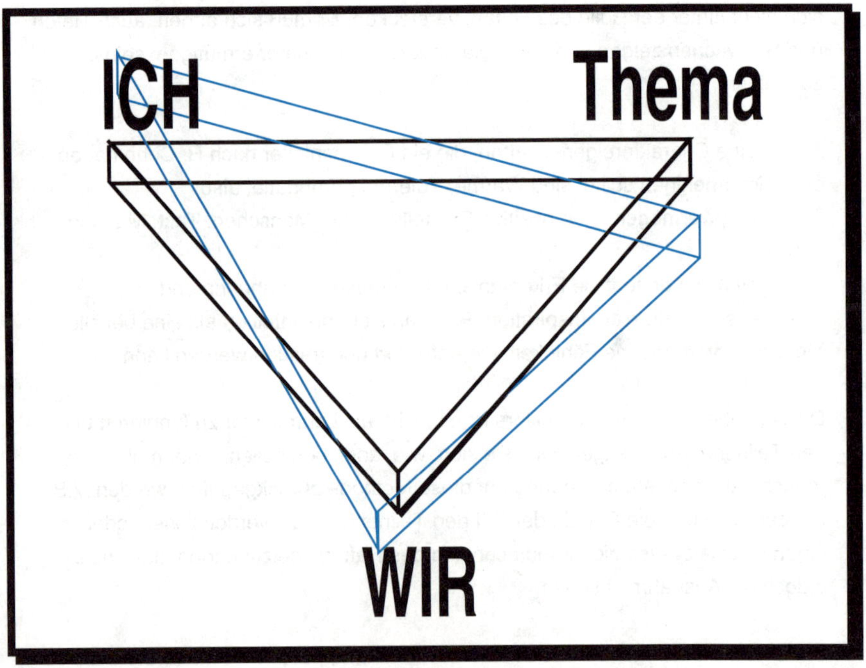

Abb.12: TZI-Dreieck im Balancespiel[100]

Wird zum Beispiel nur auf der Sachebene diskutiert , so muß hier dahingehend eingegriffen werden, daß sich der Schwerpunkt vom Thema weg, hin zur WIR- und ICH-Ebene verlagert.

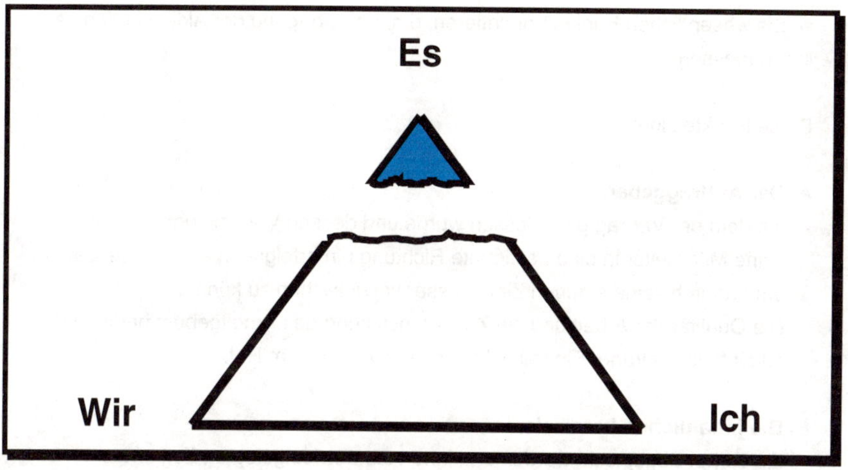

Abb.13: Sachkorso[101]

In vielen Fällen werden auf der Sachebene Beziehungskonflikte ausgetragen. Unproduktivität ist die Folge.
Hier muß also auf die psychosoziale Ebene gewechselt werden. Eine Interaktion kann also ein Wir-, Ich- oder Es-Defizit aufweisen.

Der Trainer soll in den Gruppenprozeß nur dann eingreifen, wenn er merkt, daß ein Faktor besonders betont wird, oder aber einer der Faktoren nicht aufgegriffen wird. Er soll also Defizite ausgleichen.

Anfangs wird das noch häufiger nötig sein, hat jedoch eine Gruppe erst einmal Erfahrung mit der TZI, so tritt der Leiter in den Hintergrund. Es findet eine Selbststeuerung statt. Er greift nur noch dann ein, wenn es notwendig wird.

Er fungiert sozusagen als pädagogisch-therapeutischer Helfer und Katalysator. Hat eine Gruppe dieses Stadium erreicht, so ist ein entscheidender Schritt in Richtung "funktionierendes Team" getan.

Der Teamentwickler muß sich bei der Durchführung seines Vorhabens u.a. an sechs wesentlichen Punkten orientieren, d.h. den Fortgang der Aktion laufend an ihnen messen.

Diese Punkte sind:

A. **Der Auftraggeber**,
mit dem der Vertrag geschlossen wurde und dessen Vorstellungen. Er will seine Mitarbeiter in eine bestimmte Richtung hin erfolgreich ausgeblidet sehen, um dadurch seine eigenen Ziele besser verwirklichen zu können.
Die Qualität der Arbeit und die Zufriedenstellung des Arbeitgebers bedingen zukünftige Aufträge. Ein freier Trainer lebt von seinem Ruf.

B. **Die inhaltlichen Lernziele**,
die vorher abgesteckt wurden und innerhalb der festgelegten Zeit erreicht werden sollen.

C. **Der einzelne Teilnehmer als Persönlichkeit**
und seine Entwicklung in der Gruppe. Das allerdings nur, solange dieser noch nicht sein eigener Chairman ist. Dies ist er dann, wenn die Brücke vom "Etwas tun sollen" zum "Etwas tun wollen" geschlagen ist.
Es gibt jedoch Fälle, in denen dieses Stadium nie erreicht wird.

D. **Die Dynamik des Gruppengeschehens**,
die wichtig ist, damit eine offene Kommunikation und Interaktion erreicht wird. Das wiederum ist Voraussetzung für eine erfolgreiche Teamarbeit. Die Gruppe muß prozeßartig in diese Richtung geleitet werden.

E. **Die Realität der Umwelt**
und in unserem speziellen Fall haben wir es sogar mit zwei Umwelten zu tun. Zum einen haben wir die, in der wir uns gerade befinden, z.B. auf einem Fluß und in seiner natürlichen Umgebung. Er birgt in seiner Schönheit oft versteckte Gefahren, auf die ein Stadtmensch nicht vorbereitet ist.
Auf der anderen Seite haben wir die Umwelt, aus der die einzelnen Teilnehmer kommen, in die sie auch wieder zurückkehren werden, und in der sie das erworbene Wissen und die neuen Fähigkeiten übertragen und anwenden sollen.

F. **Die eigenen Fähigkeiten und Grenzen,**
die ein Trainer immer im Auge behalten sollte. Er trägt nicht nur die Verantwortung für sich selbst, sondern auch für die Gruppe und den Lernerfolg.[102]

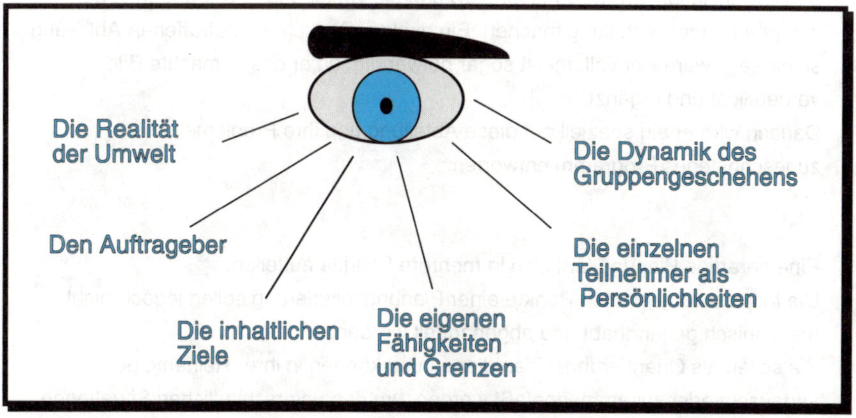

Abb.14: Was der Trainer ständig im Auge haben muß

Es können allerdings bei diesem Versuch, allen Punkten gerecht zu werden, Überschneidungen und Widersprüchlichkeiten auftreten.
In diesem Fall ist der Teamentwickler gezwungen, Prioritäten zu setzen!

Vorbereitung und Planung

In diesem Kapitel wollen wir uns vor allem mit den praktischen Überlegungen zur Planung und Durchführung einer erlebnisorientierten Weiterbildung befassen.

Gehen wir davon aus, daß in einem Arbeitsbereich eines Betriebes Mißstände in Bezug auf effektive Zusammenarbeit herrschen und ein außenstehender Organisationsentwickler gemeinsam mit den Betroffenen die Ursachen dafür definieren konnte. Mit Hilfe einer erlebnisorientierten Weiterbildung will er Abhilfe schaffen und überträgt diese Aufgabe einem entsprechenden Veranstalter.

Der Teamentwickler muß sich sodann anhand der vorgelegten Untersuchungsergebnisse ein genaues Bild über die Organisationsstrukturen, den Organisationsentwicklungsprozeß und die vorliegenden Störungen in der entsprechenden Abteilung machen. Ein direkter Besuch der betroffenen Abteilung seinerseits wäre sinnvoll, meist sogar notwendig, da er das gemachte Bild verdeutlicht und ergänzt.
Danach wird er ein speziell auf diese Abteilung und ihre Probleme zugeschnittenes Programm entwerfen.

Eine derartige Planung läßt sich in mehrere Schritte aufteilen.
Die folgend vorgestellten Punkte einer Planungsgliederung sollen jedoch nicht mechanisch gehandhabt und abgehandelt werden.
Sie sollen als Orientierungshilfen dienen und können in ihrer Reihenfolge vertauscht oder zusammengefaßt werden, um den unterschiedlichen Situationen und Bedürfnissen, sowohl seitens des Betriebes, als auch seitens des Trainers gerecht zu werden.

Planungsschritte:

1. Problembeschreibung

2. Bedarfserhebung

3. Differenzierte Problembeschreibung

4. Planungsbeteiligung

5. Ermittlung der Interessen und Bedürfnisse der Betroffenen

6. Zielfindungsprozeß

7. Situationsanalyse

8. Ermittlung der Diskrepanzen

9. Entwicklung und Bewertung von Lösungsmöglichkeiten

10. Erstellung eines Maßnahmenprogramms

Abb.15: Schritte einer Planung[103]

Nach der Vorstellung der einzelnen Planungsschritte sollen sie anhand eines Beispiels durchgespielt und jeder einzelne Schritt verdeutlicht werden.

Zu 1. **Die grobe Problembeschreibung:**
Hier wird kurz erläutert, was die den Leidensdruck erzeugenden Auslöser darstellen, so daß eine Veränderung der Situation gewünscht wird.

Ein Team arbeitet uneffektiv, langsam und unrationell. Andere Abteilungen müssen auf dessen Arbeitsergebnisse zu lange warten. Es kommt zu überzufällig häufigen Fehlzeiten in dieser Arbeitsgruppe. Eine allgemeine Unzufriedenheit herrscht sowohl auf der Arbeitgeber-, als auch auf der Arbeitnehmerseite.

Zu 2. **Die Bedarfserhebung:**
An dieser Stelle wird untersucht, wer an diesem Mißstand beteiligt ist und mit wem gearbeitet werden muß, damit dieser beseitigt werden kann. Es kann sich hier um einzelne Schlüsselpersonen oder um eine ganze Arbeitsgruppe oder Abteilung handeln.

Das gesamte Team besteht aus 20 Mitarbeitern, verschiedenen Alters, verschiedener Berufsausbildung und verschiedenlanger Betriebszugehörigkeit.

Zu 3. **Die differenzierte Problembeschreibung:**
Diese muß vom Organisationsentwickler, den Beteiligten und dem Arbeitgeber erfolgen, vorausgesetzt der Trainer macht nicht gleichzeitig auch die Personal- und Organisationsentwicklung im Betrieb.

In unserem Beispiel haben die Probleme des Teams ihre Ursachen in der mangelnden Kommunikationsfähigkeit und Absprache zwischen den Arbeitskollegen. Andere Ursachen liegen in der Konkurrenz untereinander, den verschiedenen Ziel- und Arbeitsvorstellungen, den bestehenden informellen Hierarchien, in einem gegenseitigen Mißtrauen und in Generationskonflikten, welche eine unterschiedliche Arbeitsmotivation und eine unterschiedliche Vorstellung von der Arbeitsmethodik mit sich bringen.

Zu 4. **Die Planungsbeteiligung:**
Bei der Planung sollten, vorausgesetzt dies ist realistisch durchführbar, alle diejenigen beteiligt werden, die von der Situation direkt betroffen sind.

Dies sind in unserem Beispiel:
A. Die Trainer, die die Maßnahme leiten und durchführen und das entsprechende Fachwissen auf diesem Gebiet haben.
B. Der Organisationsentwickler, der zusammen mit den Betroffenen die Probleme im Team aufgedeckt, deren Ursachen erforscht und darüber eine Soll-Ist-Analyse erstellt hat. Er vertritt also somit das gesamte Team.
C. Der Arbeitgeber, Personalchef oder diejenige Person, welche die Weiterbildung finanziell zu vertreten hat.

Zu 5. **Die Ermittlung der Interessen und Bedürfnisse der Betroffenen:**
Betroffen sind zum einen der Arbeitgeber, zum anderen die Arbeitnehmer, also das betroffene Team. Stellvertretend für die Teilnehmer steht hier die Person, die gemeinsam mit ihnen die Analyse im Betrieb erstellt hat. Die Betonung liegt hier auf **gemeinsam**, denn die betroffenen Mitarbeiter, und gerade diese, wissen am besten, wo in ihrer Abteilung die Mißstände, Störungen und deren Ursachen liegen.
Auf diese Weise können die Interessen und Bedürfnisse des Teams mit einfließen und in die Entwicklung einer Fortbildungsmaßnahme einbezogen werden.
Haben nämlich die Teilnehmer an der Erforschung der Konfliktpunkte und der Planung der Verbesserungsmaßnahmen mitgearbeitet, so ist mit weniger Widerständen ihrerseits zu rechnen, die gemachten Erfahrungen werden schneller aufgenommen und leichter in den Berufsalltag umgesetzt.

Das Interesse des Arbeitgebers kann hier kurz mit der Steigerung der Arbeitsleistung und der damit verbundenen Produktivität genannt werden. Es können aber auch idealistische Intensionen wie Verbundenheit, Loyalität, und größere Arbeitszufriedenheit eine Rolle spielen, oder sogar der Hauptantrieb zu einer solchen Fortbildung sein.

Bei den betroffenen Arbeitnehmern werden Interessen wie Spaß an der Arbeit, Selbstbestätigung, besseres Arbeitsklima und ein entspannteres Verhältnis zu den Kollegen vorhanden sein. Weniger gegeneinander und mehr miteinander! Kurz gesagt, sie wollen sich im Beruf wohl fühlen, immerhin verbringen sie ein Drittel ihres Tages an ihrer Arbeitsstelle.

In der nachfolgenden Tabelle werden mögliche Interessen und Bedürfnisse der Beteiligten vorgestellt.

Interessen der Unternehmensleitung	**Interessen der Führungskräfte**	**Interessen der Mitarbeiter**
* Verbesserung der Wirtschaftlichkeit und der Leistungsfähigkeit des Unternehmens	* Verbesserung der Leistung des Bereichs/der Abteilung	*Verbesserung der Laufbahn- und Karrierevoraussetzung
*Steigerung der Flexibilität im Personaleinsatz	*Steigerung der Flexibilität im Personaleinsatz	*Ausweitung des vorhandenen Wissens und der Fähigkeiten
*Steigerung der Motivation und der Arbeitszufriedenheit der Mitarbeiter	*Steigerung der Motivation und Arbeitszufriedenheit	*Qualifizierung für neue, herausforderndе Aufgaben
*Nachwuchssicherung	*Nachwuchssicherung bei auftretenden Vakanzen	*Erhöhung der Flexibilität hinsichtlich der Übernahme neuer Funktionen
*Steigerung der Innovationskraft und der Kreativität	*Erhöhung der Kreativität zur Produktion neuer Ideen	*Erhöhung der Arbeitszufriedenheit
*Imageverbesserung des Unternehmens	*Stärkung der eigenen Position im Betrieb	*Verminderung des Risikos, aufzufallen

Ziele der Teamentwickler
* Erarbeitung und Umsetzung eines umfassenden Konzepts als Grundlage der eigenen Arbeit
* Die Veränderung der Rolle des Erwachsenenbildners vom dozierenden zum agierenden und prozessteuernen Trainer
* Erzielen von Erfolgen für und mit den Führungskräften durch erlebnisorientierte Personalentwicklungsmaßnahmen
* Stärkung der eigenen Position und der Karrieremöglichkeiten auf dem Bildungsmarkt
* Stärkung des Personalentwicklungsimage der Firma nach außen.

Abb.16: Mögliche Ziele der Beteiligten[104]

Zu 6. **Der Zielfindungsprozeß:**
Hier werden noch einmal die Ziele definiert, die erreicht werden sollen. Dies ist zwar schon einmal in der Abteilungsanalyse durch den Organisationsentwickler geschehen, jedoch lassen sich nicht alle Ziele mit erlebnisorientierten Maßnahmen erreichen. Es kann zum Beispiel in einer formalen linearen Hierarchie keine vernünftige Teamarbeit entstehen. Hier müssen zuerst die Strukturen geändert werden, was wiederum eine Aufgabe der Organisationsentwicklung ist. Es müssen also die Ziele den verschiedenen Methoden zugeordnet werden.

Die Ziele in unserem Fall wären:
- Eine bessere Kommunikation, also die Erweiterung der kommunikativen Kompetenzen jedes einzelnen zu erreichen,
- eine Arbeitsgemeinschaft, die zusammen an einer Sache arbeitet und ein Ziel verfolgt, zu bilden,
-.die Einsicht, daß ein Zusammenarbeiten besser für alle ist, zu vermitteln,
- eine Einigung auf gemeinsame Arbeitsmethoden zu erzielen,
- die Verbesserung der Einstellung zur Arbeit und damit die Bereitschaft Verantwortung zu übernehmen und Loyalität zum Betrieb zu entwickeln,
- eine allgemeine Verbesserung des Arbeitsklimas zu schaffen.

Zu 7. **Die Situationsanalyse:**
Das oben genannte gilt auch für diesen Schritt .
Es können zwar alle Mißstände aufgeführt werden, aber nicht alle in diesem Rahmen gelöst werden. Verbesserungsfähig im Rahmen der erlebnisorientierten Weiterbildung sind in unserem Fall die schlechten Arbeitsergebnisse, die durch

- mangelnde Kommunikation,
- schlechte Zusammenarbeit,
- Uneinigkeit in Bezug auf Methoden,
- mangelnde Verbundenheit zum Betrieb,
- und informelle Hierarchien entstehen.

Ebenso das daraus resultierende schlechte Arbeitsklima, die damit verbundene Unzufriedenheit und die häufigen Fehlzeiten durch innere Kündigung.

Zu 8. **Die Ermittlung von Diskrepanzen.**
Nach dem Soll-Ist-Vergleich werden die Diskrepanzen sichtbar. Diese stellen die Anforderungen an den Trainer, der die Aufgabe hat, sie zu beseitigen, oder, um das ganze prozeßhaft zu sehen, sie zumindest in Richtung der Sollvorstellung zu reduzieren.

Zu 9. **Die Entwicklung und Bewertung von Lösungsmöglichkeiten:**
An dieser Stelle muß jede dieser Diskrepanzen untersucht und sich überlegt werden, durch welche Vorgehensweise und welche erlebnisorientierten Erfahrungen jeder einzelne Mißstand beseitigt werden kann.
Hierzu können alle Mittel und Methoden herangezogen und diese auch miteinander kombiniert werden. Die gewählten Maßnahmen müssen jedoch auf Wirksamkeit, Effektivität, Effizienz und Durchführbarkeit hin überprüft werden. Die Verhältnismäßigkeit der Mittel muß beachtet werden, und die beste und wenn möglich kostengünstigste Vorgehensweise muß herausgefunden werden.

Exemplarisch sollen kurz die Punkte "mangelnde Zusammenarbeit" und "mangelnde Kommunikation" aufgeführt werden.

Als erlebnispädagogische Maßnahme bietet sich hier neben dem Segeln besonders das Raften an. Das Team müßte in zwei mal zehn Personen umfassende Gruppen aufgeteilt werden. Die Besatzungen der beiden Boote sollte jedoch von Zeit zu Zeit durchgewechselt werden, damit es am Ende nicht zu einer Spaltung der Teilnehmer in zwei konkurrierende Gruppen kommt.

Eine Schlauchboottour auf einem Wildwasser wirkt sehr spektakulär, ja gefährlicher, als sie in der Realität ist, und erfordert ein kontinuierliches Zusammenarbeiten der Bootsbesatzung.
Findet diese Zusammenarbeit in der Gruppe nicht statt, so ist das Boot manövrierunfähig. Das heißt, Hindernissen kann nicht ausgewichen werden, das Boot behält nicht seine Richtung bei, und es kann schnell zum Kentern gebracht werden.

Auch dies ist meist nicht gefährlich, wirkt aber, gerade auf Unerfahrene, die mit dem Element Wildwasser noch keine Erfahrung haben, sehr bedrohlich.
Ist das Boot gekentert oder hat man eine Kenterung provoziert, so ist auch hier wieder die gegenseitige Hilfe und eine gemeinsame Koordination gefordert, um das Boot wieder aufzustellen, die noch im Wasser Treibenden anzusteuern und ihnen ins Boot zu helfen.

Die Teilnehmer haben also ein existenzielles Interesse an einer Zusammenarbeit auf dem Boot. Es sitzen sprichwörtlich "alle in einem Boot" und jeder ist auf den anderen angewiesen.

Abb.17: Einsteigen in das Boot

Klappt dann die Zusammenarbeit, so werden die Teilnehmer sehr schnell viel Spaß daran haben. Sie haben sehr eindrucksvoll erlebt, daß es zusammen doch besser geht, es entsteht Gruppengeist.

Erfahrungsgemäß überträgt sich dieses Wir-Gefühl schnell auch auf andere Situationen, wenn es z. B. darum geht, am Abend das Zelt aufzubauen oder zu kochen.

Macht jemand nicht mit, so stellt er sich selber ins Abseits. Er setzt sich einem Gruppendruck aus, der ihn zumeist bald zwingt, sich in die Gemeinschaft einzugliedern.

Am Abend soll dann die Vorstellung der TZI stattfinden und darauf aufbauend, der vergangene Tag reflektiert und ein Bezug zur Arbeitssituation hergestellt werden.

Die TZI allein ist schon eine hervorragende Methode zum Training der Kommunikationsfähigkeit. Sie gibt dem einzelnen u.a. Raum, seine Gefühle, Ängste und Befürchtungen auszudrücken. Sie schafft eine offene Gruppensituation, eine Chance, sich gegenseitig besser zu verstehen und kennenlernen zu können.

Auch ein parallel laufendes Kommunikations- und Rhetorikseminar kann hier sinnvoll sein. Es könnte sehr kurz gehalten werden, da durch die erlebten Aktivitäten des Tages und die TZI schon eine Basis des gegenseitigen Vertrauens geschaffen worden ist. Rhetorikstrategien könnten zum Beispiel das Thema einer abendlichen TZI- Sitzung sein. Das Ganze kann dann noch durch Rollenspiele und bewertete Vorträge mit anschließender Diskussion unterstützt und trainiert werden.

Zu 10. **Die Erstellung eines Maßnahmenprogramms:**
Die bisher entwickelten Einzelmaßnahmen müssen jetzt zu einem Gesamtprogramm zusammengefügt werden, das in einem geeigneten Rahmen, unter Berücksichtigung der Faktoren Zeit, Geld und Arbeitsaufwand durchgeführt werden kann.
Dieser Maßnahmenkatalog erleichtert die Transparenz, die Durchführbarkeit und eine eventuelle spätere Evaluation der Effektivität der Maßnahme.

Natürlich gibt es noch tausend andere Dinge zu planen, organisieren und vorzubereiten. Das geht von der Beschaffung der Ausrüstung, über die Sicherstellung der Unterbringung und Verpflegung, bis hin zu versicherungstechnischen Angelegenheiten usw.. Dinge also, die jeder schon einmal im kleinen oder größeren Rahmen geplant hat.

Die Analyse der Gruppe und ihrer Gesetzmäßigkeiten

Teams bzw. Gruppen sind Summen von Einzelpersonen, die ein gemeinsames Ziel verfolgen. Sie unterscheiden sich in ihrer Größe, Stabilität, Struktur, dem Grad der Organisation, durch Zweck und Ziel und in der Art ihrer Entstehung.

Ein vernünftig funktionierendes Team sollte den Rahmen einer Kleingruppe nicht überschreiten, d.h. es sollten mindestens zwei und höchstens zwanzig Personen umfassen. Je kleiner eine Gruppe ist, desto flexibler kann sie gehalten werden. Dies gilt auch für die Gruppenzusammenstellung zu einem erlebnisorientierten Training. Nur so kann jedes Mitglied der Gruppe mit jedem anderen in Kontakt treten (Face to Face Gruppe).

"Die Kleingruppenforschung sagt:

- daß menschliche Beziehungen und Beziehungsgeflechte dynamischen Gesetzmäßigkeiten unterliegen,
- daß es Methoden zur Strukturierung und Begleitung zwischenmenschlicher Beziehungen gibt,
- daß die Einbahnkommunikation nicht in die Gruppenarbeit gehört, weil sie zur Passivität erzieht,
- daß die Kleingruppe ein Herauswachsen aus der rezeptiven Rolle des "Nur-Zuhörens" ermöglicht,
- daß das Erkennen des eigenen Standpunktes, die Erfahrung der eigenen Gegebenheiten und persönlichen Stärken und Grenzen möglich werden läßt,
- daß in der Kleingruppe Feedback erfolgen kann, gemeint ist damit eine Rückkoppelung, also ein Erfahren, wie der einzelne auf den anderen in Wort und Haltung wirkt,
- daß die Kleingruppe ein Instrument der Selbsterfahrung, der Erprobung und Prüfung sein kann."[105]

Also ist die Kleingruppe ideal für unseren Zweck, die erlebnisorientierte Teamentwicklung.

Großgruppen und Frontalunterricht sind hierfür hingegen völlig ungeeignet. Gegebenenfalls müssen sogar noch die Kleingruppen in Untergruppen geteilt werden, damit bessere Ergebnisse erzielt werden können.

Wir wollen die Dynamik, die in der Gruppe entsteht kontrollieren, steuern und die Gruppe dahin bringen, daß

1. eine allgemeine Betätigung, also eine Aktivität von allen,
2. ein gemeinsames Handeln (also nicht jeder extra und gegeneinander),
3. eine gefühlsmäßige Verbindung,
4. gemeinsame, allgemein akzeptierte und aufgestellte Normen
5. und ein Verhältnis zur Umgebung

erreicht werden.

Auf die Entstehung und Zusammensetzung der Gruppe kann der Trainer nur selten Einfluß nehmen.
Meist hat er es schon mit einem bereits formierten Team zu tun.
Trotzdem ist es sinnvoll, sich darüber Gedanken zu machen, wie das Team strukturiert ist.

Hier unterscheidet Jutta Malcher sechs Möglichkeiten:

1. **Die formelle, organisierte, strukturierte Gruppe:**

Sie ist für einen bestimmten Zweck gegründet worden, verpflichtend, meist fest begrenzt, mit vorgegebenen Normen und Zielen.
Der einzelne wird in die Strukturen aufgenommen und in ihnen gehalten. Sie schützen ihn und er ist ein Teil des großen Ganzen.

2. **Die informelle, spontane, unstrukturierte Gruppe:**

Sie ist spontan entstanden, ohne Rücksicht auf formale Grenzen. Grundlagen sind oft diffuse und komplexe, subjektive Wünsche und Interessen der Mitglieder, die durchaus nicht deckungsgleich sein müssen. Die Ziele und Gruppennormen sind meist flexibel.
Hier spielt im Gegensatz zur formellen Gruppe das Individuum eine entscheidende Rolle, das in diesem Fall jetzt nicht mehr völlig im Ganzen aufgeht, nicht wie in der formellen Gruppe - nur an seinen Funktionen gemessen und wahrgenommen, sondern als Subjekt akzeptiert wird.

3. **Die homogene Gruppe:**

Hier herrscht unter den Mitgliedern eine Homogenität in Bezug auf Alter, Beruf, Bildungsstand, Meinungen etc.
Der einzelne fühlt sich hier bestätigt, sicher und gut aufgehoben. Das Ziel und der Weg dorthin kann etwas einseitig werden. Die Homogenität ist Grundlage für eine relative Konflikt- und Spannungslosigkeit.
Der kreativ-fachübergreifende Teamaspekt geht hier meist verloren.

4. **Die heterogene Gruppe:**

Es gibt hier wenig Gemeinsamkeiten zwischen den einzelnen Mitgliedern.
Diese Gruppe ist konfliktreich. Sie kann aber auch aufgrund der Vielfalt ihrer Mitglieder zu ausgereiften, vielseitig beleuchteten, innovativen Ergebnissen führen.
Der einzelne wird hier mit anderen Meinungen konfrontiert und provoziert. Dies bedeutet für ihn eine gewisse Unsicherheit und einen ständigen Kampf, seine Positionen zu vertreten. Gefordert wird ein großes Maß an Toleranz, Akzeptanz und Flexibilität.

5. **Die Dauergruppen:**

Diese Gruppe ist auf lange, oft unbestimmte Zeit ausgelegt.
Hier hat jeder seinen festen Platz. Dieser gibt dem einzelnen Sicherheit.
Die Gewöhnung kann bei den Mitgliedern einer solchen Gruppe an die Stelle des Engagements treten.

6. **Die Gruppe auf Zeit:**

Die Dauer der Gruppenbildung ist hier von Anfang an begrenzt. Das Ende ist mit dem Erreichen des Zieles festgelegt. Damit wird die Gruppe zu einem bestimmten Zeitpunkt überflüssig und löst sich auf.
Hier ist der einzelne kurzzeitig extrem gefordert. In ihm bildet sich ein kurzer, hoher Spannungsbogen, der ihn für einen begrenzten Zeitraum in die Rolle hinein versetzt, die er hier spielt, für die er sich anstrengt und engagiert. Er steht unter einem hohen Erwartungsdruck.

Bei diesen sechs Varianten handelt es sich naturgemäß um idealtypische Konstrukte, die in Variationen, Kombinationen und mit fließenden Übergängen in der Praxis vorkommen.

Bei der Planung eines neuen Teams sollten diese Gruppenformen mit den zu erreichenden Zielen in Verbindung gebracht und danach abgewogen werden.

Bei schon bestehenden Gruppen sollte die Effektivtät und Brauchbarkeit der Gruppenstruktur in Bezug auf das Ziel hin überprüft und - wenn nötig - die Struktur der Gruppe verändert werden. Auch sollte bei bestehenden Gruppen überprüft werden, ob das ursprüngliche Ziel, für das die Gruppe zusammengestellt wurde, noch das Hauptziel ist und nicht schon durch andere Ziele ersetzt worden ist.

Wichtig für einen Trainer und jeden anderen, der mit Gruppen oder Teams arbeitet, ist die Tatsache, daß eine Gruppe in ihrer Dynamik verschiedene Entwicklungsstufen durchmacht.

Malcher ordnet diese im Anschluß an Lowy wie folgt:

"1. Voranschluß-/Orientierungsphase
2. Macht-/Auseinandersetzungsphase
3. Intimitäts-/Vertrautheitsphase
4. Differenzierungsphase
5. Abschlußphase"[106]

Zu 1. **Voranschlußphase**

Hier sind sich noch alle Mitglieder fremd, jeder hat andere Bezugsgruppen, mit deren Maßstäben er jetzt die neue Gruppe mißt.
Die anderen Mitglieder werden hier getestet, abgeschätzt und es wird versucht, sie in ein Schema einzuordnen.

In dieser Phase ist noch nicht mit Ergebnissen zu rechnen. Die Mitglieder sind noch zu sehr mit sich selber beschäftigt, als daß sie sich auf die Gruppenziele konzentrieren könnten.
Der Gruppe sollte zu diesem Zeitpunkt die Freiheit gelassen werden, welche sie für diesen Prozeß braucht.

Zu 2. **Die Auseinandersetzungsphase**

Die einzelnen Positionen und Strukturen werden jetzt in der Gruppe festgelegt.

Dies ist eine sehr kritische Phase für die Mitglieder. Sie sind gefordert, sich selbst zu behaupten und ihren Platz zu finden.

Der Gruppenleiter sollte hierbei besonders darauf achten, daß keine Sündenbockfunktionen entstehen und daß die Machtkämpfe unter den Gruppenmitgliedern fair ablaufen.
Es sollte in diesem Stadium versucht werden, den Schwerpunkt hin auf die gemeinsamen Ziele zu lenken. Ideal wäre es, wenn in dieser Phase der Gruppenprozeß so gesteuert werden könnte, daß keine, oder falls doch, dann eine möglichst flache Hierarchie in der Gruppe entsteht.

Zu 3. **Die Vertrautheitsphase**

Das Auseinandersetzungs- und Verteidigungsgebaren ist jetzt beendet. Die Positionen sind gefunden und angenommen.

Die einzelnen Mitglieder bauen emotionale Beziehungen untereinander auf bzw. aus. Stärken und Schwächen werden jetzt offen gezeigt, von den anderen Gruppenmitgliedern akzeptiert und mitgetragen.

Hier baut sich die Stärke der Gruppe auf. Sie ist der Summe der Einzelkräfte der Mitglieder weit überlegen.

Zu 4. **Die Differenzierungsphase**

Die Gruppe ist jetzt nicht mehr mit sich selber beschäftigt. Alle Energien können in das gesteckte Ziel investiert werden.

Es ist die "goldene Zeit" für Aktivitäten und Programme. Es gibt wenig Machtprobleme und Kommunikationsfähigkeit und -bereitschaft in der Gruppe befinden sich auf einem sehr hohen Niveau.

Diese Phase soll der Teamentwickler ansteuern und möglichst stabil und dauerhaft ausbauen.

Zu 5. **Die Abschlußphase**

In dieser Phase ist die Gruppe im Begriff, sich aufzulösen.

Gründe hierfür können sein, daß die gesteckten Ziele erreicht oder unwichtig geworden sind oder daß sich neue Wege oder Gruppierungen aufzeigen, um an die Ziele zu gelangen.
Der Auflösungsprozeß kann sowohl von innen heraus entstehen, als auch von außen herangetragen werden.

In dieser Phase sollte versucht werden, die Gruppe und ihre Arbeit mit einer größtmöglichen Effizienz zu Ende zu führen, so daß die Gruppenmitglieder die Gruppe zufrieden verlassen können und somit offen für neue Guppen und Ziele sind.

Wichtig ist noch anzumerken, daß diese Phasen nicht immer gleichmäßig verlaufen. Die Verweildauer, wie lange sich eine Gruppe in einer Phase befindet und die Intensität der Phasen können von Gruppe zu Gruppe stark variieren. Ebenso können Rückfälle in schon durchgemachte Phasen entstehen, z.B. wenn neue Mitglieder der Gruppe beitreten, oder aber es können auch Phasen übersprungen werden, die dann jedoch oft noch später nachgeholt werden müssen.
Unter Zugrundelegung der hier beschriebenen Anhaltspunkte sollte sich ein guter Teamentwickler ein Bild über seine Gruppe machen.

Wenn ein Trainer nicht weiß,

- welche Gruppenphasen es gibt und in welcher Phase seine Gruppe sich gegenwärtig befindet,
- welche Rollen und Normen im Team vorherrschen,
- welche Konflikte und Gruppengefühle hier bestehen,
- wie von der Gruppe Entscheidungen und Aktivitäten im jeweiligen "Hier und Jetzt" gestaltet werden,

so ist er auch nicht in der Lage, Erleben geplant und situativ richtig einzusetzen.

Der Teamentwickler muß also das Team, egal ob er es selber zusammenstellt oder ob das Team bereits als existent vorgegeben ist, zunächst analysieren. Aber auch während des Trainings muß diese Analyse regelmäßig wiederholt werden, da sich die Gruppe ständig verändert und weiterentwickelt.

Die nachfolgende Graphik soll diesen Prozeß verdeutlichen. Sie darf jedoch nicht zweidimensional betrachtet, sondern muß spiralförmig-dreidimensional gesehen werden.

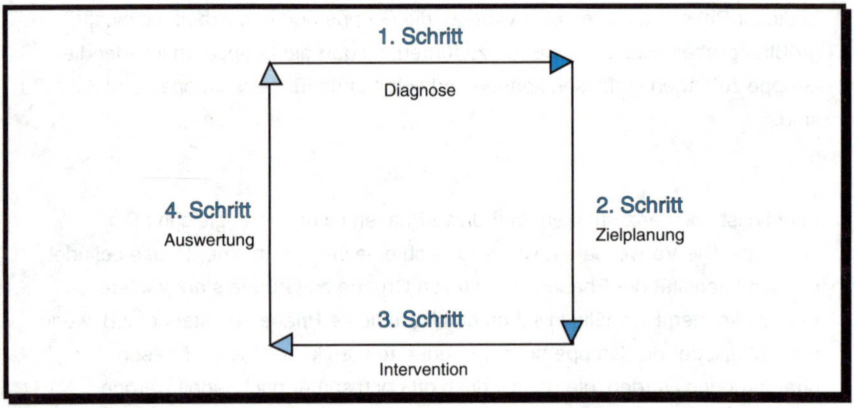

Abb.18: Prozeßartiger Handlungsablauf mit Gruppendiagnose im Verlauf des Trainings

Der nachfolgende Fragenkatalog zur Gruppendiagnose soll dem Trainer ein praktisches Hilfsmittel sein,

- zur Einschätzung und Beurteilung der Gruppe
  und
- zur Bestimmung der eigenen Position und des eigenen Handelns in der Gruppe.

A. Äußere Faktoren

1. Art der Gruppe:

- wie kam sie zustande?
- freiwillig?
- durch wen?
- was zeichnet sie aus?

2. Zusammensetzung der Gruppe:

- welche Teilnehmer (Alter, Geschlecht ...)?
- wieviel Teilnehmer?
- welche Berufe?
- Familienstand?

3. Ziel der Gruppe:

- welche Fernziele?
- welche Nahziele?
- wer setzt die Ziele?
- Ziele der Teilnehmer?
- Ziele des Arbeitgebers?
- Ziele des Trainers?

4. Aufgaben der Gruppe:

- welche Aufgaben?
- wer setzt sie?
- wer führt sie aus?

B. Strukturen, Gesetzmäßigkeiten, Gruppenfaktoren

5. Gruppenphase

- in welcher Phase befindet sich die Gruppe zur Zeit?
- in welchen Phasen gab es aufzuarbeitende Defizite?
- wie kann der Entwicklungsprozeß beschleunigt werden?
- wie kann die Phase positiv gesteuert werden?

6. Gruppennormen

- wie kommt es zur Normbildung?
- in welcher Phase wird eine Normbildung eingeleitet?
- was bedeuten die Normen?
- wer sanktioniert Normenübertretungen und wie geschieht dies?
- welche Normen wurden entwickelt?
- welche Normen fördern den erwünschten Gruppenprozeß, welche behindern ihn?

7. Gruppengefühle

- welche Gefühle sind auffallend?
- wie stark fühlt sich die Gruppe als Gruppe?
- in welcher Phase zeigen sich Gruppengefühle?
- was und wie ist der Grad des "Wir-Gefühls"?

8. Gruppenentscheidungen

- welche Entscheidungen trifft die Gruppe?
- wie fällt die Gruppe die Entscheidungen?
- gibt es dabei Mehr- und Minderheiten?
- wirkt sich die Entscheidung fördernd oder hemmend auf den Gruppenprozeß aus?
- welche Entscheidungen werden verdrängt?

9. Rollen in der Gruppe

- welche Rollen gibt es?
- Wie ist das Verhältnis der Rollenträger untereinander?
- in welcher Phase besteht die höchste Rollenflexibilität?
- welche Rollenfixierungen gibt es?
- welche Rollenveränderungen werden beobachtet?
- in welcher Rolle wird der Trainer gesehen?

10. Gruppenkonflikte

- welche Konflikte werden z.Z. in der Gruppe gesehen?
- wie wird mit den Konflikten in der Gruppe umgegangen?
- werden sie gelöst - wie?
- welche Aktivitäten verhindern Konflikte?
- wer ist von Konflikten betroffen?
- welche Lösungsmöglichkeiten bieten sich an?
- werden Konflikte konstruktiv genutzt?
- wie steht der Teamentwickler zu Konflikten?

11. Interventionen

- welche Interventionen gehen vom Trainer aus?
- wie, womit, wodurch interveniert der Trainer?
- wie werden die Interventionen angenommen?
- werden sie abgelehnt, von wem, warum?
- wer interveniert von den Gruppenmitgliedern, wie, womit, wodurch?
- welche Interventionstechniken werden angewandt?

Dieser Fragenkatalog läßt sich noch erweitern. Er muß jeweils der Gruppe, dem Trainer und den Zielen angepaßt werden.

Anwendungszeitpunkte

Wann der richtige Zeitpunkt für die Durchführung einer erlebnisorientierten Weiterbildung ist, läßt sich nicht pauschal beantworten.
Prinzipiell kann man sagen, daß eine solche Maßnahme am besten schon in der Anfangsphase der Teambildung, eingesetzt werden sollte. Hier kann präventiv gearbeitet werden, was wesentlich effektiver ist, als bereits vorhandene, festgebackene Verkrustungen aufbrechen zu müssen.

Der Trainer kann bei einer neu zusammengestellten Gruppe die vorgestellten Entwicklungsphasen der Gruppe steuern und beschleunigen. Hier wird der Trainer in Verbindung mit den gesteuerten Erlebnissen als Katalysator wirken. Dadurch wird die Differenzierungsphase wesentlich schneller erreicht werden, und das Team kann sich eher mit seiner eigentlichen Aufgabe befassen.

Die langen Gruppenbildungsprozesse werden also erheblich verkürzt. Die Gruppendynamik kann auf das Ziel hin beeinflußt werden, was sich wiederum positiv auf die Arbeitsergebnisse auswirkt.
Schwieriger wird es dann, wenn man mit einem, schon über einen längeren Zeitraum existierenden Team arbeitet.
Hier herrschen meist schon feste Regeln, Normen und Rangordnungen. Diese müssen zunächst ausfindig gemacht und auf ihre Zweckmäßigkeit hin überprüft werden. D.h. Regeln und Strukturen, die dem Ziel förderlich sind, müssen unterstützt und ausgebaut, andere, die dem Ziel entgegen wirken, beseitigt werden.
Dieser Prozeß ist meist langwieriger und schwieriger als eine neue Teambildung.

Obwohl die Zusammenarbeit und die Atmosphäre imTeam bisher von den Mitgliedern als unangenehm empfunden worden ist, wird es sich dennoch zunächst solidarisieren und gegen die Einmischungen und die beabsichtigten Veränderungen von außen angehen. Es wird zunächst versuchen seinen Status Quo zu erhalten, da jede Veränderung eine Unsicherheit und damit einen Bedrohungsfaktor darstellt.

Allerdings wird der Widerstand durch den Einsatz des Mediums "Erlebnis" und der Methode TZI wesentlich geringer ausfallen, als er in klassischen Teambildungsseminaren zu erwarten ist.
Durch das Erlebnis werden die Teilnehmer die Notwendigkeit und Effektivität der Zusammenarbeit erleben und mit der TZI ein Instrument in die Hand bekommen, um das Erlebte zu analysieren, auszudrücken und zu reflektieren.

Reflexion

Die während der Maßnahme gemachten Erfahrungen, Erlebnisse und die gemeisterten Lernsituationen haben an sich schon einen formenden Einfluß auf die einzelnen Persönlichkeiten und das Teamverhalten.

Eine Reflexion kann diesen Lernprozeß jedoch noch verstärken.

"Vorausetzung für diese Reflexion ist die Beachtung des eigenen Handelns als Ausdruck der inneren Erfahrungswelt, sowohl in ihrem intellektuellen und gefühlsbestimmten Bereich als auch in der sinnlichen Wahrnehmung des Gegenwärtigen."[107]

Die Teilnehmer merken zum Beispiel, daß ein Boot weder alleine, noch zu mehreren, falls diese gegeneinander und nicht zusammenarbeiten, fahr- und manövrierbar ist, und daß die besten Ergebnisse nur dann erzielt werden können, wenn alle gemeinsam an einem Strang ziehen.
Diese Erfahrungen können jedoch noch systematisch vertieft und verinnerlicht werden, wenn sie noch einmal in Worte gefaßt und diskutiert werden.

Hier wird dann dem einzelnen Teilnehmer noch einmal klar, daß er mit seinem Erlebten und den daraus gezogenen Erfahrungen nicht alleine steht, sondern daß die anderen Gruppenmitglieder die Situationen sehr ähnlich erlebt und empfunden haben. Es wird bewußt gemacht, daß die Gruppe einen gemeinsamen "Background" entwickelt hat, der verbindet und gemeinsame, zukünftige Vorhaben erleichtert. Dies schafft Vertrauen und Selbstbewußtsein und schweißt die Gruppe zusammen.
Es ist deshalb ausgesprochen wichtig, daß sowohl negative als auch positive Erlebnisse noch einmal reflektiert, also noch ein zweites Mal lebendig gemacht und vor Augen geführt werden.

Verbunden mit der Reflexion ist der Transfer der gemachten Erfahrungen in den Alltag und das Arbeitsgeschehen.

Dabei soll der Trainer gemeinsam mit den Teilnehmern deren Erfahrungen konkretisieren und auf andere Situationen (z.B. das Arbeitsleben) übertragen.

Die Bootsfahrt wird zum gemeinsamen Ziel der Arbeitsgruppe, auf das alle gemeinsam geplant hinarbeiten, um es optimal zu verwirklichen.

Die Reflexion kann in einer allabendlichen Gesprächsrunde mit Hilfe der TZI-Richtlinien stattfinden, sowohl in Form eines Rollenspiels mit anschließender Diskussion als auch in einer Art Brainstorming mit Themensammlung, oder aber in einer Kombination aus mehreren Methoden.
Hier sind der Kreativität und der Phantasie des Trainers und der Teilnehmer keine Grenzen gesetzt.

Zu welchem Zeitpunkt genau diese Reflexion stattfinden soll, ist stark personen- und situationsabhängig.

Unserer Erfahrung nach sollten jedoch Situationen, die existenziell bedrohlich auf die Teilnehmer wirken, so rasch als möglich nach dem Auftreten bearbeitet werden.

Hierfür wäre ein erstes, unfreiwilliges Kentern eines Bootes im Wildwasser ein Beispiel. Eine solche Situation kann mitunter mit Todesängsten verbunden sein. Das sofortige Aufrollen der Situation nach der Bergung dient der Beruhigung, dem Spannungsabbau und verhindert, daß sich Ängste verfestigen.
In dieser Situation kann dann auch gleich durchgespielt werden, was bei der Rettung und Bergung richtig und was falsch gemacht worden ist und was das nächste Mal anders ablaufen muß.

Abb.19: Kentern im Wildasser

Keinesfalls erscheint es jedoch sinnvoll, jedes beeindruckende Ereignis und jede prägende Erfahrung sofort an Ort und Stelle zu reflektieren, da dadurch sowohl zu viel Zeit vergeudet, als auch der flüssige Ablauf der Maßnahme verhindert würde. Die Zeitspanne zwischen dem Erlebnis und der Reflexion darf jedoch auch nicht zu groß gehalten werden, da sonst der starke Eindruck des Erlebten in den Teilnehmern abflacht oder verlorengeht, und dadurch für die Vertiefung der Erfahrung nicht mehr genutzt werden kann.

Im Normalfall ist die allabendliche Reflexion der Tageserlebnisse am sinnvollsten, zumal hier der Prozeß von den Teilnehmern später beim "gemütlichen Zusammensein" noch beliebig fortgesetzt werden kann.

Nachkontrolle

In der Praxis ist es bis heute leider immer noch unüblich, eine Nachkontrolle über die Wirkungsweise einer Weiterbildungsmaßnahme durchzuführen.

Durch eine Untersuchung, etwa in einem Zeitabstand von sechs bis zwölf Monaten nach Beendigung einer Weiterbildungsmaßnahme, könnten der Trainer, die Teilnehmer und der Auftraggeber feststellen, inwieweit die gesteckten Weiterbildungsziele erreicht wurden.

Eine solche Nachkontrolle hätte für den Trainer den Vorteil, daß er seine Konzeption und sein Programm kritisch überprüfen und an diesem notwendige Veränderungen und Verbesserungen vornehmen und somit es den Anforderungen besser anpassen könnte. Zudem könnte er für sich aus den Ergebnissen die für diese Arbeit sehr wichtige Anerkennung und Selbstbestätigung herausziehen, die ihm sonst meist verwehrt bleibt.

Für die Teilnehmer wäre eine Nachkontrolle noch einmal eine Reflexion der Weiterbildung und somit noch einmal eine Auffrischung des Erlernten.

Der Auftraggeber erhielte durch die Nachkontrolle einen Überblick, ob sich seine Investition rentiert und seine Erwartungen erfüllt haben. Zudem ließe sich aus den Ergebnissen ableiten, ob weitere erlebnisorientierte Maßnahmen im Sinne einer prozeßartigen Entwicklung sinnvoll wären.

Eine derartige Nachkontrolle könnte zum Beispiel in Form von Fragebögen, Diskussionskreisen, und dem Vergleich von Arbeitsergebnissen gestaltet werden. Allerdings spielen hier zu viele nicht erfaß- und kontrollierbare Einflußfaktoren, wie z.B. Familienprobleme, Wirtschaftslage und betriebliche Umstrukturierungen etc. mit hinein, als daß objektive Aussagen getroffen werden könnten. Man würde sich also auf den Allgemeineindruck verlassen müssen.
Das Ergebnis einer solchen Untersuchung wird immer subjektiv bleiben, was jedoch nicht bedeutet, daß es sinnlos ist.

Zusammenfassung

☺ Erwachsenenbildung erfordert andere Ansätze als die klassische Schulbildung. Durchgesetzt haben sich in diesem Bereich die Teilnehmerorientierung und sozialisationstheoretische Ansätze.

☺ Als sinnvolle, praktische Methode bietet sich in der Erwachsenenbildung, also auch in der erlebnisorientierten Teamentwicklung, die "Themenzentrierte Interaktion" von Ruth Cohn an.

- Diese Methode berücksichtigt die individuelle Persönlichkeit des einzelnen, die Gemeinschaft, in der er sich befindet, und die Sachebene, auf der gearbeitet wird.
- Diese drei Gesichtspunkte werden in einen Zusammenhang mit der Umwelt und dem relevanten Umfeld gebracht.
- Die TZI baut auf leicht erlernbare Regeln, Axiome, Postulate und Hilfsregeln auf.

☺ Der Teamentwickler benötigt ein umfangreiches Repertoire an Fachkompetenzen. Z.B.:

- Beherrschung der technischen Medien und Hilfsmittel (Rafts, Kletterausrüstungen usw).
- Kenntnisse über Sicherheitsvorkehrungen, Wetterkenntnisse, Strömungskentnisse usw.
- Methoden zur Gesprächssteuerung wie z.B. die TZI
- Wissen über Gruppendynamik
- Wissen über betriebliche Strukturen und Arbeitsweisen.

Außerdem sollte der Trainer Überzeugungskraft, Einfühlungsvermögen, Toleranz und eine positive Einstellung zum Menschen besitzen. Er muß in der Lage sein, Gruppen zu steuern und anzuleiten. Sein Ziel muß es sein, die Gruppe so weit zu bringen, daß er selbst überflüssig wird und nur noch als Teilnehmer an der Maßnahme und als Monitor fungiert.

☺ Die Vorbereitung und Planung eines Seminars läßt sich in zehn Punkte untergliedern:

- Die Problembeschreibung,
- die Bedarfserhebung,
- die differenzierte Problembeschreibung,
- die Planungsbeteiligung,
- die Interessen- und Bedürfnisermittlung der Beteiligten,
-.der Zielfindungsprozeß,
- die Situationsanalyse,
- die Ermittlung der Diskrepanzen,
- die Entwicklung und Bewertung von Lösungsmöglichkeiten,
- die Erstellung eines Maßnahmenprogramms.

☺ Um mit einer Gruppe sinnvoll zusammenarbeiten zu können, muß sich der Trainer zuerst ein genaues Bild von ihr verschaffen.
Zu beachten sind:

A. Über die äußeren Faktoren der Gruppe

- Die Gruppenart:
  + Die formale, organisierte, strukturierte Gruppe
  + Die informelle, spontane, unstrukturierte Gruppe
  + Die homogene Gruppe
  + Die heterogene Gruppe
  + Die Dauergruppe
  + Die Gruppe auf Zeit.
- Die Zusammensetzung der Gruppe
- Die Ziele der Gruppe
- Die Aufgabe der Gruppe

B. Die gruppeninternen Faktoren

- Die Gruppenphasen:
  + Die Voranschluß-/Orientierungsphase
  + Die Macht-/Auseinandersetzungsphase
  + Die Intimitäts-/Vertrautheitsphase
  + Die Differenzierungsphase
  + Die Abschlußphase

- Die Gruppennormen
- Die Gruppengefühle
- Die Gruppenentscheidungsstrategien
- Die Rollen in der Gruppe
- Die Gruppenkonflikte
- Die Interventionsmöglichkeiten

☺ Je früher ein erstelltes Team an einer erlebnisorientierten Maßnahme teilnimmt, desto einfacher ist es, die Lernziele zu erreichen, da in "jungen Teams" nicht erst alte Strukturen verändert werden müssen.

☺ Die Methode der Reflexion ist bei erlebnisorientierten Seminaren ein wesentliches Element. Sie dient zur Vertiefung der Lerninhalte und zum Transfer in den Arbeitsalltag.

- In Extremsituationen ist die Reflexion sofort durchzuführen.
- Im Normalfall sollte sie in regelmäßigen, nicht zu langen Abständen stattfinden.

☺ Von einer Nachkontrolle über den Lernerfolg der Maßnahme profitieren alle Beteiligten. Sie ist deshalb als sinnvoll zu erachten.

KAPITEL 4:

Wie steht es mit dem Transfer?

Der Transfer

In der Literatur wird häufig auf die Effekte, die die Bereiche Lebensmut, Selbstvertrauen, Neugier, Phantasie, Abenteuerlust und vitaler Gesundheit betreffen hingewiesen. Ein empirischer Nachweis für diesen Zusammenhang wurde bis jetzt unseres Wissens noch nicht erbracht, Plausibilität darf aber unterstellt werden. Wir gehen davon aus, daß die erlebnispädagogischen Maßnahmen im obigen Sinn persönlichkeitsbildend wirken, wobei dem ermutigenden Charakter nach Schleske eine besondere Bedeutung zukommt:

"Der Vorgang der Ermutigung ist als gelungene Interaktion zwischen Individuum und seiner Umwelt interpretierbar, bei der das Handeln in Einklang mit erworbenen Persönlichkeitsmerkmalen, Könnensmustern und Erwartungshaltungen in Bezug auf Erfolg und Mißerfolg und/oder der positiven Veränderung durch die soziale Umwelt gebracht wird. Bei angsterzeugenden Situationen mit den Merkmalen Neuigkeitsgehalt, Überraschungsgehalt, Fremdheit, Ungewissheit, Gefahr usw. bedeutet Ermutigung, daß das Individuum durch Eigenimpulse und spontanes Handeln die Situation und die Angst meistern kann, ohne daß die informationsverarbeitenden Systeme überfordert werden. Im Gegenteil: durch psychophysische Aktivierungsvorgänge, die Orientierungsreaktionen und deren lustbetonte Komponenten wird ein breites Spektrum von Optimierungsvorgängen ausgelöst, optimale Denk-, Lern-, Reaktions- und Handlungsfähigkeit, die mit optimaler motorischer Aktionsbereitschaft gekoppelt sind."[108]

Die in einer erlebnispädagogischen Aktion überwundene Angst soll auf den Teilnehmer eine ermutigende Wirkung haben, so daß dieser in der Lage ist, Anforderungen im persönlichen und beruflichen Alltag zu meistern. Durch die Handlungsorientiertheit ermöglicht eine erlebnispädagogische Tour den Teilnehmern das Sammeln von neuen Erfahrungen, die eine positive Grundstimmung auslösen können. Die direkte Abfolge von Handlung und Wirkung ermöglicht es dem Teilnehmer, sofort sichtbare Konsequenzen seines Tuns zu erkennen.

Für den Begleiter einer solchen Maßnahme heißt es, diese ermutigende Wirkung der Erlebnisse pädagogisch zu nutzen. Schwierigkeiten in Beruf und Privatleben können nun auf die positiven Erfahrungen mit schwierigen Situationen bei erlebnispädagogischen Touren und den Umgang damit bezogen werden. Auch das auf den Touren erworbene Wissen um das eigene Durchhaltevermögen kann auf konkrete Alltagssituationen übertragen werden.

Der Transfer in den Arbeitsalltag

Wer sich darauf beschränkt, das im Training erlernte Wissen um Handlungsalternativen zu seinen bisher angewandten Strategien in die richtige Situation zu übertragen (wie einen genormten Stecker in eine passende Steckdose), riskiert unter Umständen unnötig viele Frustrationen. Der Trainierte muß sein erweitertes Verhaltensrepertoire situationsangemessen einsetzen.

Auf erlebnisorientierten Maßnahmen werden nicht nur neue, übertragbare Verhaltensmuster erlernt und eingeübt, sondern auch jene Schlüsselqualifikationen erworben, die es ermöglichen auf neue, unbekannte Situationen flexibel, offen und adäquat zu reagieren.

Bei dem Transfer in die Praxis geht es vor allem um die Anwendung, Stabilisierung und Modifikation von Erlerntem aus erlebnispädagogischen Maßnahmen in Situationen des Alltags.
Hierbei muß sich der Teilnehmer in den jeweiligen Situationen bewähren.
In diesen alltäglichen Bewährungssituationen liegt das Ziel erlebnispädagogischer Maßnahmen. Hier müssen neue Verhaltensmuster verinnerlicht und damit stabilisiert werden. Dieser Lernschritt kann den Probanden nicht abgenommen werden, hier sind sie zum Teil ohne Trainer auf sich allein gestellt. Aber gerade die persönlichkeitsbildende Dimension erlebnispädagogischer Maßnahmen zielt darauf ab, dieses Allein-lernen gestalten zu können.

Das Gelingen des Transfers ist wesentlich abhängig von:

A. den Firmen (Arbeitgeber der Teilnehmer),
B. den Teilnehmern selbst
C. und dem Trainer.

zu A.:
Der Mitarbeiter darf nicht von seinen Vorgesetzten zur Teilnahme an einer solchen Maßnahme gezwungen werden, da dieses die Motivation beeinträchtigen würde und somit der Transfer nicht mehr unbedingt gewährleistet wäre. Bestehende Arbeitsteams sollten, soweit möglich, geschlossen zu einer Maßnahme angemeldet werden und teilnehmen.

Eine Teilnehmergruppe, die auch im Arbeitsalltag als Team zusammenarbeitet, wird Lernziele wie Kooperation oder Teamfähigkeit eher in den Alltag übertragen können, als dies bei einer aus verschiedenen Abteilungen oder Betrieben zusammengestellten Gruppe möglich ist.

Da oftmals die zwischenmenschlichen Probleme in einer Gruppe durch die Anforderung an den Teamgeist in der erlebnispädagogischen Maßnahme zu Tage treten, erweisen sich die erarbeiteten Lösungen als realitätsnah und tragfähig. Also Lösungen hinsichtlich des Umgangs mit Konflikten, der Kommunikationsgfähigkeit und des Umgangs mit unbekannten Situationen etc..

Außerdem können die bereits intern vorhandenen Spannungen der Gruppe schon während der Maßnahme durch den Trainer aufgegriffen und professionell bearbeitet werden. Somit kann in erlebnispädagogischen Situationen an Beispielen die Auflösung von Konflikten erlebt und konstruktiv geübt werden.

Die nachfolgende Graphik soll die konstruktive Konfliktlösung veranschaulichen:

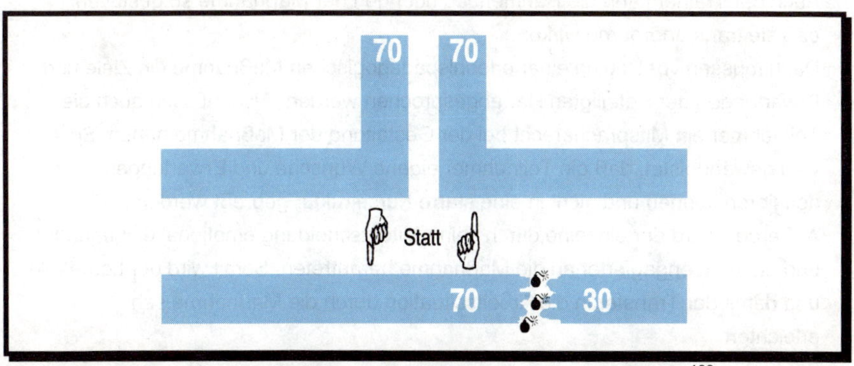

Abb.20: Konstruktive Konfliktlösung - Sieg-Sieg-Lösung statt Sieg-Niederlage-Lösung[109]

Eine optimale Voraussetzung für den Transfer in den Arbeitsalltag ist eine vorauschauende Personalplanung des Betriebes. Dadurch können die einzelnen Mitarbeiter vor der Übernahme einer neuen Funktion, in der Ausbildung oder bei einer neuen Teambildung, auf die für ihre Aufgaben notwendigen Schlüsselqualifikationen vorbereitet werden. Der Trainierte kann nach einer erlebnispädagogischen Maßnahme freier und mutiger seine neu erworbenen Erfahrungen sowie Möglichkeiten in dem neuen Handlungsfeld anwenden und damit verinnerlichen.

zu B.:
Der Teilnehmer ist für ein Gelingen des Transfers auch selbst verantwortlich. Der einzelne beinflußt den Transferprozeß selbst. Er muß bereit sein, Neues auszuprobieren, und er muß motiviert sein, sein eigenes Verhalten zu optimieren. Das heißt für ihn, er muß sich auf die Maßnahmen aktiv einlassen und sich mit den Situationen sowie den anderen Teilnehmern bewußt auseinandersetzen. Durch die erlebnispädagogischen Maßnahmen erlebt der Teilnehmer in bestimmten Situationen Defizite in seinem eigenen Verhaltensrepertoire. Während der angebotenen Maßnahme erhält der Teilnehmer Gelegenheit, neue Handlungsstrategien zu finden oder vorhandene zu erweitern und mit diesen in der Gruppe zu experimentieren.

zu C.:
Auch der Trainer kann die Rahmenbedingungen der Maßnahme so gestalten, daß sie transferfördernd wirken.
Dazu müssen vor Beginn einer erlebnispädagogischen Maßnahme die Ziele und Erwartungen der Beteiligten klar abgesprochen werden. Also müssen auch die Teilnehmer ein Mitspracherecht bei der Gestaltung der Maßnahme haben. So wird gewährleistet, daß die Teilnehmer eigene Wünsche und Erwartungen definieren können und nicht in eine starre Kursstruktur gepreßt werden. Außerdem wird der einzelne durch seine Mitentscheidung emotional eingebunden und dadurch engagierter an die Maßnahme herantreten. Somit wird der Lerneffekt und damit der Transfer in die Arbeitssituation durch die Maßnahme sehr erleichtert.

Dieses Vorgehen berücksichtigt sowohl die Interessen des Betriebes als auch die der Teilnehmer. Es ist also ein beiderseitiges Interesse vorhanden. Die Verantwortlichkeit für das Umsetzen der neuen individuellen Erfahrungen ist eine gemeisame.

Für das Gelingen und den Transfer sind folglich die Teilnehmer, der Betrieb und der Trainer verantwortlich.

Ideal wäre es, könnte der Arbeitgeber nach dem Training ein entsprechendes betriebliches Umfeld für die Teilnehmer einrichten, in das sie sich mit ihrem neu erworbenen Wissen und mit den dazu gehörenden Handlungsstrategien einbringen können. Der einzelne muß die neuen Handlungs- und Lösungsmuster im beruflichen Alltag ausprobieren und darüber hinaus auch mit ihnen experimentieren können.
Nur so kann er auch im beruflichen Alltag neue Erfahrungen sammeln und diese weiter verwerten. Erst in der Praxis kann das neu erworbene Wissen im Laufe der Zeit in Fleisch und Blut übergehen.

Auch der frisch geschulte Mitarbeiter muß darauf achten, daß er sich nicht bei den ersten Schwierigkeiten gleich wieder auf sein altes Bewältigungsschema verläßt und die gerade erworbenen Erfahrungen gleich wieder "ad acta" legt.

Eine intensive und kontinuierliche Nacharbeit durch Seminare im Betrieb ist deshalb vorteilhaft. Es hilft mit, daß Erfahrungen die auf einer Tour gemacht wurden, nun in den Arbeitsalltag mit einbezogen werden können. Eine Nacharbeit hilft die sogenannte "Back-Home-Frustrationen" aufzufangen. Somit wird auch gewährleistet, daß ein erlebnispädagogisches Seminar nicht eine isolierte Phase mit Freizeitcharakter bleibt. Die erlebnispädagogische Maßnahme ist daher als ein Baustein des Lernprozesses zu betrachten, in dem die Teilnehmer Wissen erwerben, das dann in den betrieblichen Seminaren gefestigt wird.[110]

Auftretende Transferprobleme

Viele Anregungen, hinsichtlich der Persönlichkeitsbildung und der Teamfähigkeit, die durch eine erlebnispädagogische Maßnahme gegeben wurden, werden sich vielleicht erst viel später zeigen.
Die Auswirkung auf den einzelnen kommt eventuell erst im Zusammenspiel mit anderen Einflüßen wie z.B. der Nacharbeit, die im Laufe der weiteren Entwicklung folgt, zum Tragen.

Wie schon erwähnt, muß sich der Teilnehmer bei der Übertragung in den Arbeitsalltag in den jeweiligen Situationen bewähren.
Wer versucht seine neuen Erfahrungen hier einzusetzen, kann nicht immer mit den "verständnisvollen Partnern" rechnen, mit denen er die erlebnispädagogische Maßnahme absolviert hat.
Der Einsatz des neuen Repertoires ist in der harten Wirklichkeit schwieriger als auf einer Tour. Da erlebnispädagogisch ungeschulte Mitmenschen eventuell schneller und unumstößlicher ein Urteil über das Verhalten anderer fällen. Dadurch kann der Handlungsspielraum und die Freiheit im Experimentieren mit dem Verhalten des einzelnen stark eingeschränkt werden. Die Erlebnisse einer Tour können als erste Erfahrungen gesehen werden, die aber noch nicht als gefestigte Möglichkeiten zur Verfügung stehen.

Im Gegensatz zu den Kursteilnehmern reagiert die nun reale Umwelt meist zurückhaltend. Die Versuche sich neu, anders einzubringen, werden entweder übersehen oder als unecht und nicht zur Person passend abgelehnt. Selbst wenn es gelingt, durch eine gelungene Interaktion innerhalb einer Teamsitzung das im Training erworbene Repertoire im Betrieb umzusetzen, wird bei den Kollegen nicht selten Distanziertheit und Befremden auslösen. Für die Kollegen werden sich
z.B. die Fragen stellen: "Warum ist er plötzlich so freundlich und interessiert sich für mich?" oder: "Früher war er immer so abweisend und wollte alle Entscheidungen selbst treffen, wieso soll ich jetzt plötzlich Entscheidungen treffen?"

Die im Transferprozeß erfahrene Zustimmung und Ablehnung ist im Gegensatz zur erlebnispädagogischen Tour längerdauernd.
Der Teilnehmer hat hierbei erheblich stärker zu kontrollieren, was die Einübung der neuen Verhaltensmuster, d.h. den Transfer beschneidet, darüber hinaus muß er dieses auch ansprechen.

Der trainierte Mitarbeiter kann durch entsprechende Kommunikation dem "untrainierten" die Verunsicherung ihm gegenüber nehmen. Dies setzt allerdings wieder ein gewisses Maß an Zivilcourage voraus, die er letztendlich auch in der erlebnispädagogischen Maßnahme lernen soll.

Hier kann er möglicherweise eine Veränderung in der Einstellung des "untrainierten" ihm gegenüber in Gang setzen. Gelingen wird sie jedoch nur, wenn er dem Partner genügend Zeit läßt, ebenfalls einen partnerschaftlichen Kommunikationsstil zu entwickeln.[111]
Für eine erfolgreiche Veränderung ist ein neues Verhalten beider bzw. mehrerer Kommunikationspartner notwendig.

Anders verhält sich dies, wenn eine geschlossene Gruppe oder ein Team, an einer erlebnispädagogischen Maßnahme teilnimmt.
Die Gruppenmitglieder haben dadurch, daß sie als geschlossene Einheit an der Maßnahme teilnehmen, in etwa das gleiche Basiswissen. Durch die gemeinsamen Erlebnisse, Erfahrungen und die Auseinandersetzung mit sich selbst und der Gruppe werden alle gleichzeitig dem Lernprozeß ausgesetzt.
Die Distanziertheit und das Befremden wird innerhalb des Teams, durch die gemeinsamen Erfahrungen sowie die darüber hinaus gewonnene Vertrautheit miteinander, nicht vorhanden sein.

Der Einsatz des neuen Repetoires kann aufgrund dieser Voraussetzung während der Arbeit, im Betrieb, gefestigt werden.
Der Prozeß des Verstehens eines Mitarbeiters, der aufgrund eines Trainings neue Verhaltensweisen an den Tag legt entfällt.
Das geschulte Team kann sich jetzt ganz der vorgegebenen Aufgabe stellen und Lösungsmöglichkeiten entwickeln.

Der Transfer neu erworbenen Handlungsstrategien findet in der effektiveren Bearbeitung der tatsächlichen Problemstellung statt.
Auftretende Transferschwierigkeiten, wie sie oben beschrieben werden, treten hier höchstens peripher auf.

Bei der Interaktion einzelner Teammitglieder mit anderen Mitarbeitern, die nicht dem Team zugehörig sind, werden sich diese jedoch nicht vermeiden lassen.

Transfer in das Privatleben

Für den Großteil der Arbeitnehmer ist die Ehe, die Familie und der Freundeskreis das Element, in dem er sich von den Anforderungen der Arbeit erholt. Hier tankt er auf, schöpft neue Energie, um im Arbeitsalltag seinen Mann/Frau stehen zu können. Das private Umfeld ist also ein wichtiger Bestandteil für das Befinden des einzelnen. Hier bekommt er die notwendige emotionale Unterstützung. Vom privaten Umfeld hängt es zum Teil ab, mit welchem Engagement und mit welcher Energie der Mitarbeiter im Betrieb seine Arbeit verrichtet.[112]

Die persönliche Stimmung und das positive Denken werden somit durch unsere Arbeit und unser **Privatleben** beeinflußt. Die jeweilige Stimmung, ausgelöst z.B durch Streit mit einem Kollegen/Kollegin, wird nach Feierabend in das private Leben mitgenommen. Ebenso überlagern sich schlechte wie gute Stimmungen, die im privaten Bereich ausgelöst werden in die Arbeitswelt.

Die Sorgen und Probleme aus dem privaten Bereich können die Arbeitsbelastbarkeit beeinträchtigen. Solche Gefühle blockieren die Flexibilität, die Wahrnehmungen und das Handlungsvermögen.[113]
Der einzelne ist nicht mehr in der Lage, sich frei seiner Tätigkeit zu widmen. Die Konzentrationsfähigkeit ist dadurch beeinträchtigt.
Das in einer erlebnispädagogischen Maßnahme erworbene Wissen kann auch im privaten Bereich hilfreich sein und sich damit wieder positiv auf die Leistungsfähigkeit auswirken.

Sicherlich werden auch bei den Interaktionspartnern, ausgelöst durch die Veränderung des "Trainierten", eine Distanziertheit und Befremdung entstehen. Diese Unsicherheit beruht darauf, daß sie selbst nicht direkt an der erlebnispädagogischen Maßnahme beteiligt waren, sondern indirekt davon betroffen sind. Aber auch hier kann der Trainierte möglicherweise eine Veränderung der Einstellungen in Gang setzen.

Gerade die Auseinandersetzungen im privaten Bereich, können eingeschliffene Verhaltensmuster aufdecken und damit zur Festigung des Erworbenen hilfreich sein. Darüber hinaus kann man neue herzlichere Methoden des Umganges miteinander und des Zusammenlebens schaffen, die sich wiederum auf das positive Allgemeinbefinden auswirken können.

Zusammenfassung

☺ Aus Erlebnissen gewonnene Erfahrungen sollen dem Teilnehmer helfen, die Anforderungen im persönlichen und beruflichen Bereich zu meistern.

☺ Der Teilnehmer muß einen Bezug zwischen den schwierigen Situationen bei der erlebnispädagogischen Maßnahme und denen, die im Berufs- oder Privatleben auftreten, herstellen.

☺ Die Erfahrungen mit Schlüsselqualifikationen z.B. dem eigenen Durchhaltevermögen und dem Handlungspotential können auf konkrete Alltagssituationen übertragen werden.

☺ Beim Transfer geht es um die Anwendung, Stabilisierung und Modifikation des in der erlebnispädagogischen Maßnahme Erlernten, in bezug auf Situationen des Alltags.

☺ Für das Gelingen des Transfers sind die Teilnehmer, der Betrieb und der Trainer verantwortlich.

☺ Eine professionelle Nacharbeit ist vorteilhaft, sie hilft "Back-home-Frustrationen" aufzufangen.

☺ Für eine erfolgreiche Veränderung ist ein neues Verhalten aller Interaktionsteilnehmer notwendig.
Deshalb sind möglichst alle Teammitglieder zu einer Maßnahme zu bewegen.

☺ Unsere Stimmung wird durch Arbeit und Privatleben beeinflußt.
- Das private Umfeld trägt dazu bei, daß der Mitarbeiter mit Engagement und Energie im Betrieb seine Arbeit verrichtet.
- Durch das neu erworbene Wissen über sich selbst, durch Handlungsstrategien und Konfliktlösungstechniken, kann auch im privaten Bereich eine bessere Interaktion stattfinden.

KAPITEL 5:

Welche Maßnahmen bieten sich für ein erlebnisorientiertes Training an?

In diesem Kapitel sollen konkrete Maßnahmen zur erlebnisorientierten Teamentwicklung in der Praxis vorgestellt werden. Die Auswahl einer Maßnahme wird wohl von den erwünschten Lernzielen, den finanziellen Mitteln, den Interessen der Beteiligten und der regionalen Lage des Betriebes abhängig gemacht werden.
Bei den meisten der vorgestellten Maßnahmen wird eine Gliederung in fünf Punkten vorgenommen.

Das sind:

A. **Anforderungen an den Trainer**,
also Grundvoraussetzungen an Fachwissen und Fähigkeiten im Bereich des jeweiligen Maßnahmentyps. Außerdem werden unter diesem Punkt noch allgemeine Informationen über die Maßnahme genannt.

B. **Unbekannte Situationen**,
die ein flexibles, auf die entsprechende Situation eingehendes Verhalten vom Teilnehmer fordern und damit ein Lernfeld für Flexibilität, angemessenes Verhalten, und Spontaneität darstellen.

C. **Herausforderungen an die Selbstüberwindung und Selbsterfahrung**,
also Lernchancen, die sich im Laufe der Maßnahme ergeben und die der individuellen Persönlichkeitsentwicklung dienen.

D. **Soziales Lernen.**

Gemeint sind Herausforderungen im Umgang mit anderen. Hieraus ergeben sich Lernchancen die der Teamentwicklung, also der Teamfähigkeit und Teambereitschaft dienen.

E. **Praktisches Lernen.**

In diesem Punkt wird kurz darauf eingegangen, inwieweit durch die Teilnahme an der Maßnahme die entsprechende Sportart gelernt und inwieweit diese auch privat ausgeführt werden kann.

F. **Besondere Eignung.**

Hier findet eine kurze Bewertung der Eignung der Maßnahme statt. Die Kriterien hierfür sind die Schwerpunkte Persönlichkeits- und Teamentwicklung.

Die Vorstellung der einzelnen Maßnahmen und ihrer Lernchancen macht es notwendig, daß gewisse Überschneidungen und Wiederholungen auftreten. Deshalb wird im Laufe des Kapitels immer weniger auf die Lernchancen eingegangen, die schon in einer vorhergehenden Maßnahme beschrieben worden sind.
Die Liste der Möglichkeiten für erlebnisorientierte Maßnahmen ließe sich noch beliebig erweitern. Wichtig für den Lernerfolg ist oft weniger die Art der Maßnahme, sondern vielmehr deren Gestaltung und die Kombination mit anderen Einzelmaßnahmen und Methoden.

Bergwandern/steigen

A. Anforderungen an den Trainer

Immer wieder wird Bergwandern unterschätzt und mit dem Spazierengehen in der Ebene gleichgesetzt. Folgen davon sind Unfälle, die sich bei entsprechendem Wissen und größerer Erfahrung hätten vermeiden lassen.

Um in den Bergen zurechtzukommen, ist ein gewisses Pensum an Fachwissen nötig. Dies umfaßt u. a. die Wetterkunde.

Das Wetter in den Bergen kann sich schlagartig ändern, sogar im Sommer kann es zu extremen Kälteeinbrüchen und Schneefällen kommen.
Der Trainer muß mit den regionalen Wetterverhältnissen vertraut und in der Lage sein, die Vorboten einer Wetteränderung erkennen zu können.

Ist er mit seiner Gruppe doch in ein Unwetter geraten, so muß er z.B. wissen, wo Gefahren lauern, wie er sich und seine Leute schützen kann, wo Hilfe zu erwarten ist, und wie man sich in den einzelnen Situationen richtig verhält.
Bei Unfällen muß er dazu fähig sein, die der Situation angepaßten, richtigen Entscheidungen zu treffen, d. h. u.a. Erste Hilfe zu leisten, Rettungs- und Bergungsmaßnahmen in die Wege zu leiten und zu koordiniern.

Das Verhalten in den Bergen, so daß z. B. zu Beginn der Tour auf langsames Tempo geachtet wird, um den Kreislauf erst an die Anstrengung zu gewöhnen, oder daß jeder seinen Müll wieder mit zurück nimmt, muß dem Trainer geläufig sein. Er sollte es selber vorleben, damit er es den Teilnehmern vermitteln kann.

Bergwandern verlangt nicht allzuviel an Technik. Nach einer gewissen Zeit kommt jeder in einen vernünftigen, individuellen Rhythmus hinein, der auch auf die Gesamtgruppe abgestimmt ist.

Schwieriger wird es dann schon, wenn Gefahrenstellen auftreten.
Hier ist meist eine angemessene Ausrüstung erforderlich. Mit der entsprechenden Ausrüstung und deren Anwendung muß der Trainer fachgerecht umzugehen wissen, wie z. B. Sicherungs-, Anseil- und Abseiltechniken.

Noch ein Wort zur Ausrüstung. Der Leiter ist dafür verantwortlich, daß die Leute seiner Tour entsprechend ausgerüstet sind.
Immer wieder sieht man in den Bergen Menschen, die mit Turnschuhen oder sogar Sandalen unterwegs sind. Ein Trainer, der seine Teilnehmer so mangelhaft ausgerüstet mitnimmt, handelt verantwortungslos.

Der Trainer muß auch über den Schwierigkeitsgrad der Tour informiert sein. Zum einen, um die Ausrüstung darauf abzustimmen und zum anderen, um zu entscheiden, ob er es verantworten kann, mit seiner Gruppe diese Strecke überhaupt zu gehen. Es muß also eine Abstimmung auf die Leistungsfähigkeit des Teams stattfinden.

B. **Unbekannte Situationen**

Die Bergtour bietet eine ganze Reihe von Konfrontationen mit unvorhersehbaren, ungeplanten und unbekannten Situationen, die bewältigt werden müssen. Diese fangen schon bei der Routenplanung, beim Umgang mit Kartenmaterialien, Wetterberichten usw. an. Hier ist **Voraussicht**, **Sorgfalt** und **Konsequenz** geboten.

Konfliktreich wird unter den Teilnehmern die Frage verlaufen, welche und wieviel Ausrüstung und Verpflegung eingeplant, und damit auch getragen werden muß. Letztlich muß jeder für sich entscheiden was für ihn zum Leben in den Bergen unbedingt von Nöten ist, was überflüssig sein könnte und auf was sicher verzichtet werden kann. Später wird sich auf der Tour dann "eindrucksvoll" zeigen, ob die Auswahl die richtige war.

Oft muß während der Bergtour improvisiert werden, weil die vorgefundenen Gegebenheiten nicht den erwarteten entsprechen, weil doch nicht die richtige Ausrüstung vorhanden ist oder aufgrund der Wetterverhältnisse eine Alternativroute gewählt und gegangen werden muß. In diesen unerwarteten Situationen ist also **Flexibilität** gefordert.

"Grundsätzlich ist man hier also mit dem Kontrast zwischen (notwendiger) genauer Planung und den Unabwägbarkeiten der tatsächlichen Situation konfrontiert. Man muß lernen, seinen noch so schönen, wichtigen Plan völlig dem unterzuordnen, was nun wirklich geschieht. Der Plan darf hier nicht zur 'Scheuklappe' werden, die an den Erfordernissen der Realität vorbeilaufen (oder verzweifeln) läßt."[114]

Wird dennoch starr an einem Plan festgehalten, so kann es zu Enttäuschungen und Gefährdungen kommen.

"Der richtige Umgang mit Erwartungen könnte nahezu als ein zentrales Lernziel beschrieben werden, das bei Bergtouren besonders prägnant hervortritt."[115]

Es gilt, daß in gewisser Weise
"... jede Bergtour eine permanente empirische Überprüfung vorausgegangener Denkleistungen und ihrer Kraft und Fähigkeit, ins Unbekannte führendes, Fremdes, u.U. noch nie Geschehenes aufzuschlüsseln..."[116],
ist.

Die unbekannten Situationen in den Bergen erfordern oft eine **Selbsteinschätzung** der eigenen Fähigkeiten (kann ich diese Situation meistern?) und eine **Selbstüberwindung** (ich muß durchhalten und es schaffen!).

C. **Herausforderungen an die Selbstüberwindung und Selbstentdeckung**

Auf dem Gipfel eines Berges stellt sich fast immer das sogenannte "Gipfelerlebnis", ein euphorisches Gefühl, ausgelöst durch Höhe, Fernblick und Natur ein.
Trotzdem ist dieses Gefühl lange nicht so intensiv, wenn der Berg mit einer Seilbahn, anstatt zu Fuß mit all den damit verbundenen Widrigkeiten, bewältigt worden ist.

"Das Gefühl, es hier mit Dimensionen und Kräften zu tun zu haben, die um einiges größer sind als der Mensch, der darin herumläuft, stellt sich ja bei vielen Menschen im Hochgebirge spontan ein."[117]

Es gilt hier, daß der Weg letztlich wichtiger ist als das Ziel.
Hat man den Weg beschritten, so hat man es selbst geschafft, mußte sich und sein Gepäck selbst weitertragen und in Bewegung halten.
Nach einer gewissen Wegetappe hätte ein Verweigern oder Aufgeben keinen Sinn mehr, also muß man weiter und zwar selber. Andere können hier nur unterstützend einwirken.

"Aufgeben kann man ja gar nicht, weil man zurück zum Ausgangspunkt womöglich genauso lange brauchen würde wie zum Ziel."[118]

Es findet folglich eine **physische Selbstüberwindung** und **Selbstbeherrschung** während diesen Touren statt.

"Konkreter läßt sich die physische Geste der Selbstüberwindung gar nicht erleben oder beschreiben: Zu erfahren ist, wie u.U. der ganze Körper rebelliert, schmerzt, nach Schonung ruft - und wie dennoch der eigene Wille sich über diesen Widerstand des Körpers hinwegsetzt und seine Bedürftigkeit ignoriert."[119]

Eine mindestens ebenso intensive Erfahrung wie die physische, ist die **psychische Selbstüberwindung** und **Selbstbeherrschung**.
Es werden immer schwierige, bedrohliche Situationen auftreten, z.B. wenn Grate überwunden werden müssen, die links und rechts der Gruppe in die Tiefe abfallen.

Derartige Herausforderungen lösen oftmals Angst, Verunsicherung sowie psychosomatische Schwindel- und Unwohlgefühle aus. Das kann hin bis zu einer körperlichen Lähmung, also einer Unfähigkeit, weiter zu handeln, führen.

"Da ist dann Hilfe, Unterstützung und Zuspruch zwar nötig, nur:
Sich bewegen, sich von der Stelle lösen, trotz aller Angst mit der eigenen Hand vom Felsen zu lassen, um die entgegengestreckte Hand des anderen zu erreichen - das muß man wiederum selbst tun"[120]

Der einzelne ist gezwungen, das durch Angst ausgelöste Verhalten zu ändern, sich selbst zu beherrschen und wieder die Kontrolle über seinen eigenen Körper zu erlangen.

Solche Angstüberwindung und derartig gemeisterte Situationen führen oft zu dem "... **Gefühl der Sicherheit** und einer ungeahnten **Erweiterung der eigenen Möglichkeiten**"[121]

Das **Selbstvertrauen**, das **Selbstbewußtsein** und die **Selbsteinschätzung** werden durch die physische und psychische Selbstüberwindung, also die **Erweiterung der eigenen Grenzen,** gestärkt.

Das waren jetzt nur einige Beispiele, in denen Selbstbeherrschung und Selbstüberwindung auf Bergtouren gefordert sind. Weitere Beispiele wären etwa die Einteilung der eigenen Körperkräfte und die Rationierung des Trinkwassers, das jeder bei sich trägt. Die Folgen einer Fehleinschätzung werden hier direkt physisch und psychisch erlebt.

D. **Soziales Lernen**

Beim Bergwandern verhält es sich ebenso wie beim Klettern. Man unternimmt derartige Touren in den seltensten Fällen allein. Das sollte vor allem von Unkundigen oder wenig Geübten beachtet werden.
Eine erlebnisorientierte Weiterbildung spielt sich zudem immer in einer Gruppe ab, da ansonsten das soziale Lernfeld wegfallen würde. Schon die Gebiets- und Etappenplanung sollte in der Gruppe stattfinden.
Später, auf der Tour, ist die Gruppe dann z.B. bei der Überquerung eines Schneefelds nicht nur äußerlich über einem Seil verbunden.

Etwas Ähnliches geschieht auch im Inneren der einzelnen Mitglieder. Es entwickelt sich eine **emotionale Verbundenheit**, also ein **Gruppengefühl**.

Die Gruppe ist das Lernfeld für **das soziale Miteinander**, für **gegenseitige Hilfe**, **Vertrauen** und **Zusammenarbeit**. Jeder wird auf einer derartigen Tour einmal in die Lage kommen, auf einen anderen angewiesen zu sein.

"Einerseits erfährt man eine deutliche Distanz zu sehr vielen der gewohnten oder zumindest bekannten Sozialbezüge (und damit auch zu sich selbst), andererseits aber auch eine intensive Situation des aufeinander Angewiesenseins und der Nähe. Selten ist man so direkt für die Sicherheit und Sicherung eines anderen Menschen verantwortlich, und selten ist man wohl auch so direkt abhängig vom Verantwortungsgefühl eines anderen."[122]

In der Gruppe kann gelernt werden, **mit anderen in Kontakt zu treten**, **Konflikte auszutragen** und **Rücksicht** und **Toleranz** zu üben.

Indem Gefühle wie Angst, sowohl bei sich selber als auch bei anderen, erlebt werden und diese nicht überspielt werden müssen, sondern eine gegenseitige Unterstützung entsteht, diese Gefühle zu überwinden, wird eine **Atmosphäre der Offenheit** geschaffen.

Es wird bei längeren Touren immer Spannungen in der Gruppe geben. Wichtig dabei ist, daß diese Spannungen sinnvoll genutzt werden und der einzelne lernt, **mit Konflikten konstruktiv umzugehen**.
Aber auch sich **einzugliedern** und sich auch mal **unterzuordnen** wird geübt.

"Das Durchhalten, Nicht-Aufgeben, zu dem sich die Teilnehmer einer Bergtour an irgendeinem Punkt beinahe unausweichlich durchringen müssen, schließt somit nicht nur die körperliche Überwindung mit ein, sondern auch viele **soziale Rücksichten**."[123]

Der Aufenthalt auf Selbstversorgerberghütten bietet neben der eigentlichen Tour ein zweites hervorragendes Lernfeld für soziale Schlüsselqualifikationen.

Hier muß auf engstem Raum gelebt und miteinander umgegangen werden. Es gibt meist nur ein gemeinsames Matratzenlager, in dem alle gemeinsam schlafen. Dies erfordert ebenfalls gegenseitige Rücksicht und **Toleranz**. Auch die Versorgung, also das Kochen, Holzholen und Holzhacken, das Aufräumen usw muß gemeinsam erledigt werden. Hier werden also noch einmal **Herausforderungen an das gemeinsame Auskommen** gestellt.

E. **Praktisches Lernen**

Gerade beim Bergwandern kann der einzelne seine Liebe zu diesem Sport entdecken und ihn privat weiter betreiben.
Im Rahmen seiner erlebnisorientierten Weiterbildung lernt er die Techniken des Bergwanderns, den Umgang mit der Ausrüstung und das Verhalten in den Bergen.
Außerdem lernt er mit Bergkartenmaterial umzugehen, mögliche Gefahren zu erkennen und einzuschätzen. Erwähnenswert ist auch das Naturerlebnis, die Flora und Fauna der Berge und damit vielleicht verbunden die Entwicklung eine neues Verhältnisses zur Umwelt.

F. **Besondere Eignung**

Die Herausforderungen der Bergwelt an den einzelnen, verbunden mit einer professionellen Erlebnisorientierung, fördern die individuelle **Grenzerweiterung** der Teilnehmer **im physischen, psychischen und intellektuellen Bereich**. Ebenso wird eine **Selbsterfahrung** erlebt. Der Teilnehmer tastet sich an seine **individuellen Grenzen** heran, lernt diese kennen und erweitern.

Es werden Erfolge erlebt, die zu einer **Selbstbestätigung** führen und eine **Motivationssteigerung** mit sich bringen. Das **Selbstbewußtsein wird gesteigert** und damit **das individuelle Selbstbild angehoben**.
Der Teilnehmer erfährt **Persönlichkeitsentwicklung**, die durch die erlebnisorientierte Maßnahme in der Bergwelt gefördert und vorangetrieben wird.

Gleichzeitig werden aber auch **Erfahrungen in und mit der Gruppe** gemacht. Dieses dient vor allem dem **Wir- oder Gruppengefühl**, dem **gegenseitigen Verstehen, Helfen** und **Vertrauen**. Die **Voraussetzungen für eine Zusammenarbeit, sprich Teamwork, werden geschaffen**. Die Gruppe entwickelt sich zu einem Team.

Kanadier/Kajak

A. **Anforderungen an den Trainer**

Auch auf dem Wasser ist das Fachwissen und die Erfahrung des Trainers extrem wichtig, ja zum Teil sogar lebenswichtig.
Er muß mit dem Equipment vertraut sein und wissen, auf welchen Gewässern und für welche Lernziele er welchen Bootstyp einsetzen kann.

Das Einerkajak ist für Gruppenprozesse und die Zusammenarbeit in der Gruppe weniger geeignet als ein Viererkanadier. Dafür hat ersteres den Vorteil, daß der einzelne auf sich alleine gestellt ist und selber die Konsequenzen seines Handelns trägt und direkt erlebt.

Ebenso ist die Gewässerkunde bei dieser Sportart von existentieller Bedeutung. Der Trainer muß die Schwierigkeitsgrade der Gewässer kennen, Gefahrenstellen wissen und ausmachen können sowie im Gebrauch der Rettungsgeräte geschult sein.

Fließende Gewässer, besonders im Alpenbereich, können sich ständig ändern. Der Wasserstand kann innerhalb kürzester Zeit aufgrund einer Staustufenöffnung, starker Regenfälle oder starker Sonneneinstrahlung, was das Tauen der Gletscher zur Folge hat, extrem ansteigen. Auch Verblockungen in den Gewässern sowie Über- und Unterspülungen können ständig neu entstehen und zu Gefahren werden. Deshalb darf sich der Trainer auch nie hundertprozentig auf Schwierigkeitsgradangaben und Routenbeschreibungen in Kanuführern verlassen. In der Zwischenzeit könnten neue Gefahrenstellen entstanden sein, an denen er angemessen reagieren und handeln muß.

B. **Unbekannte Situationen**

Für die meisten der Teilnehmer stellt alleine schon das Element Wasser, das sich durch Strudel und hohe Geschwindigkeit des Flusses auszeichnet, eine unbekannte Situation dar. Es ist zunächst nicht ganz einfach, sich auf ihm zu bewegen und das Boot dorthin zu steuern, wo man es auch haben will.

"Sobald der Kanufahrer ins Boot steigt, wird er mit einer fremden Welt konfrontiert, in der ganz andere als die ihm bekannten Gesetze gelten: Indem er vom festen in das wässerige Medium umsteigt, bemerkt er, daß letzteres ganz andere Bewegungen, Krafteinsätze, Reaktionen verlangt als das gewohnte Festland. Man kann das Boot nicht betreten wie einen Steg, denn es kippt dann einfach um. Im Wasser haben Handlungen andere Folgen, als man vom Land her gewohnt ist. Das Boot verhält sich nicht statisch, wie Körper an Land, sondern es reagiert."[124]

Es gelten also auf dem Wasser andere Regeln. Der Teilnehmer ist gezwungen, sich **von eingeschliffenen Denk- und Handlungsmustern zu lösen** und **nach neuen Handlungsstrategien zu suchen**.

"Zu lernen ist hier also ganz elementar, das eigene **Verhalten ungewohnten Gegebenheiten anzupassen, bisher verständliche Lebensgewohnheiten an der Realität zu prüfen** und zu verändern. Dies alles hat weniger mit 'Gelenkigkeit' und 'Sportlichkeit' zu tun als eben damit, **sich auf das Eigenverhalten des neuen Mediums einzulassen**."[125]

Wie schon im vorangegangenen Punkt erwähnt, bietet ein Fluß ständig Überraschungen.

"Unvorhersehbare Ereignisse, die immer wieder neue Orientierungen und neue Handlungsentwürfe herausfordern, sind zahlreich: Brückenpfeiler, Schleusen, treibende Baumstämme, Felsbrocken im Wasser, überhängende Zweige und Äste, unterspülte Ufer."[126]

Auf diese unvorhersehbaren Ereignisse muß reagiert werden.
Vorausschauendes Handeln, die richtige **Einschätzung der Situation**, und **der flexible Einsatz von Techniken** zum richtigen Zeitpunkt sind hierzu notwendig.

"Das strömende Wasser, das die Boote von Situation zu Situation, von Hindernis zu Hindernis, von Szenenwechsel zu Szenenwechsel trägt, wird zum Sinnbild des Zeitstroms, in dem das individuelle Dasein von Szene zu Szene, von ungeplantem, unplanbarem Ereignis, Hindernis, Wechsel zum nächsten verläuft und nicht durch Angst und 'Vermeidungshandeln' gemeistert werden kann, sondern nur durch aktives
Annehmen all dieser Herausforderungen, die man in Ruhe abwarten und genau bewältigen muß, wenn sie auftreten.[127]

C. **Herausforderungen an die Selbstüberwindung und Selbstentdeckung**

Anstrengung, Blasenbildung an den Fingern, Kälte, Hitze und eine permanente Nässe gehören zu den unangenehmen Seiten des Kajakfahrens.
Jeder wird früher oder später an dem Punkt angelangen, an dem das Wildwasserfahren mit Unannehmlichkeiten verbunden ist. Hier gilt es Selbstbeherrschung zu zeigen und weiterzufahren, da ein gesetztes Ziel, eine gesteckte Tagesetappe oder ein verabredeter Zeltplatz erreicht werden muß.
Die Selbstüberwindung ist mit einer körperlichen Selbsterfahrung und einer Erweiterung der individuellen Grenzen verbunden.

Auch das Niveau der Strecke, also der Schwierigkeitsgrad und die Anzahl der anspruchsvolleren Stellen, erfordert ein hohes Maß an Selbstüberwindung und Selbstbeherrschung und zwar auf zwei Ebenen.

Zum einen ist es erforderlich, den Mut aufzubringen, bedrohlich wirkende Stellen zu befahren. Jeder, der schon einmal auf einem Wildwasser war, weiß, wie bedrohlich eine Wasserwalze (eine durch ein überspültes Hindernis verursachte Dauergegenwelle), mit ihrem ohrenbetäubenden Lärm und der unvorstellbaren Kraft des Wassers wirken kann und was für eine Überwindung es kosten kann, sie trotzdem zu durchfahren.

Es erfordert jedoch auch mindestens ebensoviel Courage, Selbstüberwindung und Selbstbeherrschung, sich selbst oder anderen zu sagen, diese Stelle ist einem zu gefährlich und man wird sie deshalb umfahren oder umtragen.

Einerseits ist es schwierig, vor anderen zuzugeben, daß man eine Stelle als zu gefährlich ansieht, andererseits ist es schwierig sich so weit im Griff zu haben, eine Gefahrenstelle nicht nach dem Motto, "wird schon gut gehen," zu befahren.

Denn Risikofreudigkeit nach diesem Motto ist hier völlig fehl am Platz und bringt gegebenenfalls auch noch andere, die helfen wollen, in Lebensgefahr. Jegliches Risiko läßt sich, wie überall im Leben, jedoch nicht ausschließen. **Einschätzungsvermögen** und **Beurteilungsvermögen von Situationen** sowie **überlegtes**, **situationsangemessenes Handeln** ist hier erforderlich.

"In diesem Akt der Selbstüberwindung wagt man immer sich selbst ein Stück, setzt man sich selbst aufs Spiel, ohne sicher sein zu können, daß es wirklich gut geht. Insofern erfordert Kanufahren ein Stück Wagemut, der aber deutlich von Tollkühnheit oder blindem Leichtsinn unterschieden werden kann."[128]

Diese Herausforderungen sind dann neben der technisch-körperlichen auch geistiger Art.

Ein weiterer, Selbstüberwindung herausfordernder Bereich ist dann gegeben, wenn ein Boot in Gefahr gerät. Sei es, daß es in einer Walze hängt und nicht mehr herauskommt, oder daß es gegen ein Hindernis gepreßt wird oder gekentert ist.

"Hier gilt es also, eine Gefahr, eine wirkliche Bedrohung zu überwinden und nicht vor Schreck zu erstarren, sondern 'kaltblütig' das richtige zu tun. Man kann dabei zumindest das Eine nachdrücklich und hautnah erleben, daß nämlich die eigene Aufgeregtheit, der Schrecken und das Jammern überhaupt nichts nützen, sondern nur am folgerichtigen Handeln hindern. Sie müssen deshalb überwunden werden, und man kann lernen, sie bewußt zu bezähmen und seine innere Ruhe zu wahren."[129]

D. **Soziales Lernen**

Auch in einzeln besetzten Booten geht die Interaktion mit den anderen nicht völlig verloren. Es herrscht auch hier immer die Situation vor, **auf andere angewiesen zu sein** oder **anderen zu Hilfe kommen** zu müssen. Dies fängt zum Beispiel bei der Absicherung von Gefahrenstellen an.

Der erfahrenste Bootsführer durchfährt zuerst die Gefahrenstelle, sucht sich danach ein Kehrwasser und entscheidet dann, ob die Stelle von den anderen zu befahren ist. Er kann dem nächsten Boot bei Bedarf dann zu Hilfe kommen. Der Zweiterfahrenste fährt als letzter, so daß er jederzeit bei einer Kenterung eingreifen und die Treibenden an Land ziehen kann.

Eine andere Möglichkeit der gegenseitigen Absicherung ist, daß vor der Gefahrenstelle alle anlanden und sich mit Wurfsäcken und angeseilt am Ufer postieren. Danach wird die Stelle einzeln durchfahren. Zur Not können die anderen zur Hilfe kommen.

Auch das Umtragen der Boote um Gefahrenstellen, Staustufen oder zu seichten Stellen wird in der Gemeinschaft erledigt. Einer alleine wird sich ziemlich schwer tun, sein Kajak samt Ausrüstung durch ein Unterholz zu transportieren.

Ist ein Boot in ein zu starkes Kehrwasser geraten und ist der Bootsführer nicht mehr in der Lage, sich alleine aus ihm zu befreien, so ist er auf fremde Hilfe angewiesen und muß mit Hilfe eines Seils aus dem Kehrwasser gezogen werden.

Ist ein Kajak oder Kanadier einmal gekentert und voll Wasser gelaufen, so bringt es bzw. er ein Tonnengewicht auf die Waage. Einer allein kann hier wenig ausrichten. Er ist darauf angewiesen, daß ihm andere dabei helfen, sein Boot ans Ufer zu bringen und es auszuleeren, da diese Bootstypen im Normalfall keine Lenzöffnungen (Wasserablauföffnungen im Boot) besitzen.

"Hier erfährt man also gerade in der Situation der Gefahr, wie sehr man auf die Hilfe der anderen angewiesen ist und darauf, daß diese die Notlage überhaupt wahrnehmen, richtig deuten und unter Umständen selbst eigenes Risiko nicht scheuen, um zu helfen."[130]

Neben der **Interaktion** und **Koordination** mit den anderen Booten muß auf Mehrpersonenbooten auch intern ein Einvernehmen herrschen. So muß u.a. das gemeinsame Paddeln koordiniert werden.

"... das Kanufahren (ist) äußerst wertvoll, da sich dabei die beiden Kanuten voll **aufeinander einlassen** müssen: Der vorne sitzende Paddler muß stets darauf achten, mit seinem 'Hintermann' genau im Takt zu paddeln, um ein optimales Vorwärtskommen zu ermöglichen. Dies erfordert eine große **Rücksichtnahme** beider Kanuten, die noch verstärkt wird, wenn man zu mehreren Kanus zusammenpaddelt und dadurch bedingt auch dauernd auf die anderen Boote achten muß, um als Gruppe zusammenzubleiben."[131]

Ein gemeinsamer Rhythmus und ein gegenseitiges "Aufeinander-Eingespielt-Sein" sind hier unbedingt notwendig.

"Die Forderung nach **rückhaltlosem Eingehen auf den anderen** wird schließlich extrem, wenn man sich durch kurvenreiches, klippenreiches Fahrwasser bewegen will. ..... Es ist entscheidend, einen gemeinsamen Rhythmus zu finden, und dies gelingt praktisch nicht, wenn im Boot versteckte Rivalitäten und unterschwellige Konflikte zwischen den Partnern herrschen."[132]

Hier gilt es, die **Konflikte anzusprechen, auszutragen und aus der Welt zu schaffen**.

Ein weiteres Problem, das auftauchen wird, ist der Konflikt über die Über- und Unterforderung, der sowohl in einem Boot, als auch zwischen mehreren Booten auftreten kann.
Hier muß dann eine crewinterne Absprache ebenso wie eine Absprache zwischen den Booten stattfinden. Gegenseitige Rücksichtnahme ist hier immer gefordert.

Da solche Touren oft mehrere Tage an einem Fluß und im allgemeinen abseits der Städte stattfinden, ist das Zelten eine geeignete Übernachtungsform. Auch in einem Zeltlager finden soziale Lernvorgänge statt. Hier können Kommunikationsdefizite, die während des Paddelns im Einerkajak entstehen, kompensiert werden.

E. **Praktisches Lernen**

Das Kajak- oder Kanadierfahren ist ein erholsamer, ausgleichender Sport, der einem dazu verhilft, vom Alltag abzuschalten. Durch die entstehende Abwechslung von körperlicher Betätigung und dem Dahintreiben an ruhigeren Flußstellen, wobei die Natur erlebt und genossen werden kann, findet ein gesunder Wechsel von An- und Entspannung statt.

"Teilnehmer von Kanutouren berichten immer wieder übereinstimmend, daß sie sich auch nach längeren Tagestouren seelisch erholt und erfrischt gefühlt hätten, selten hingegen körperlich erschlagen."[133]

Allerdings kann ein erlebnisorientiertes Training nur den Anstoß bieten, diese Sportart weiter zu lernen und zu betreiben. Es stellt keinen Lehrkurs dieser zum Teil doch recht gefährlichen Sportart dar. Es können nur die Grundzüge des Paddelns vermitteln. Für fundierte Ausbildungen in diesem Sport gibt es verschiedene Lehrveranstaltungen von Kajakschulen und vom Alpenverein. Allenfalls das Kanuwandern auf stehenden, oder ruhig dahinfliesenden Gewässern kann auf Erlebnistouren erlernt und danach eigenständig betrieben werden.

F. **Besondere Eignung**

Das Einerkajak ist weniger für Teambildungsprozesse geeignet. Der einzelne ist hierbei zu sehr auf sich alleine gestellt.

Wird diese Sportart dennoch für diesen Zweck gewählt, so ist besonders bei der Auswahl der Nebenbetätigungen am Nachmittag und Abend darauf zu achten, daß hier der Schwerpunkt auf dem Miteinander, der Kommunikation und der Konfliktbewältigung liegt.

Für die Persönlichkeitsentwicklung ist das Kajak allerdings ein ideales Medium. Die erfolgreiche Bewältigung einer Gefahrensituation hat der Teilnehmer sich, und nur sich, zuzuschreiben. Das erfüllt ihn mit **Stolz** und **Befriedigung**. Es schafft ein **Vertrauen in die eigene Leistungsfähigkeit**, schult die **Geistesgegenwart** und die **Reaktionsschnelle**.

Aber auch die Folgen von falschen Handlungen und Fehleinschätzungen hat der Teilnehmer sich selber zuzuschreiben, und er kann niemand anderen dafür verantwortlich machen.

Aufgrund dieser Möglichkeiten und der Tatsache, daß eine starke Persönlichkeit die Voraussetzung für ein erfolgreiches Zusammenarbeiten im Team ist, wäre eine Kombination von Kajak und z.B. dem Raft durchaus sinnvoll.

Interessanter für die Teamentwicklung sind die Mehrpersonenkanuten. Allerdings ist auch hier die Personenanzahl auf einem Boot relativ begrenzt. Will man ein Team nicht trennen, so sind diese Bootstypen nur für Kleinteams geeignet. Wird ein Team auf zwei oder mehrere Boote aufgeteilt, so besteht immer die Gefahr der Fraktionsbildung und der Konkurrenz. Ist das der Fall, so muß der Trainer dem entgegenwirken.

Raften

Eine Sonderform des Wildwasserfahrens ist das Raften.
Vieles von dem, was über das Kanufahren beschrieben wurde, gilt auch hier. Deshalb sollen hier nur noch einmal die Unterschiede und Besonderheiten hervorgehoben werden. Zumal in den vorangegangenen Kapiteln das Rafting mehrmals als Beispiel diente.

Kaum eine Gemeinschaftssportart hat in den letzten Jahren so geboomt, wie das Raften.
Es wird sowohl im kommerziellen Freizeitbereich als auch in der Erlebnispädagogik eingesetzt. Ein Grund hierfür ist die schnelle Erlernbarkeit der Grundtechniken. Der Begriff Raft kommt aus dem Englischen und heißt soviel wie Floß. Das Raft ist ein wildwassergeeignetes Schlauchboot.

Der Trainer muß neben den zuvor schon erwähnten Kenntnissen über das Gewässer, seine Gefahren und die Rettungstechniken auch solche über diesen speziellen Bootstyp erwerben.

Die deutschen Gewässer sind für das Raften meist uninteressant.
Dagegen findet man in Österreich eine Vielzahl interessanter Flüsse. Um diese jedoch kommerziell befahren zu dürfen, muß der Trainer den "Raftguide", eine Art Führerschein, besitzen.

Das Raft ist ein für das Wildwasser konstruiert und entsprechend ausgerüstetes Schlauchboot.
Verantwortungslos wäre die Verwendung eines normalen, für Seen und Meere gebauten Schlauchbootes. Man sieht diese Boote zwar immer wieder auf den Flüssen, sie entsprechen aber nicht dem Sicherheitsstandard, und sowohl den Booten, als auch den Raftern fehlt die notwendige Ausrüstung.
Folgen sind immer wieder zu lesende Schlagzeilen über Verunglückte.

Rafts gibt es in den verschiedensten Größen. Sie können für fünf, aber auch für zwanzig und mehr Personen ausgelegt sein.
Es kann also meist das gesamte Team auf einem Boot untergebracht werden. Für mehrtägige Etappen ist sogar noch ein bescheidener Platz für Zelte und Gepäck vorhanden, falls dieses Problem nicht anders gelöst werden kann.

Die besondere Eignung des Rafts für erlebnisorientierte Maßnahmen ist weitestgehend so, wie schon für die Kajaks und Kanadier beschrieben.

Allerdings liegt hier ein besonderer Schwerpunkt auf der Gemeinsamkeit, also der Zusammenarbeit. Eine exakte Zusammenarbeit ist auf dem Raft unbedingt erforderlich, ansonsten ist das Boot nicht manövrierbar und der Kraftaufwand für den einzelnen wird enorm.

Die Erfahrung, daß der einzelne alleine oder die Gruppe unkoordiniert wenig ausrichten und nur die Gruppe zusammen das Boot beherrschen kann, wird zwangsläufig irgendwann gemacht.

Ein weiterer Vorteil des Rafts ist, daß der Trainer bei diesem Bootstyp mit in die Gruppe integriert ist, somit diese besser beobachten und in die Gruppenprozesse eingreifen kann.
Auch in Gefahrensituationen kann hier der Trainer die Rolle des Bootsführers und damit die Steuerfunktion übernehmen, direkt eingreifen, Kommandos geben und somit den Gefahrenmoment abwenden.

Das Raft eignet sich also ideal zur erlebnisorientierten Teamentwicklung.

Segeln

A. **Anforderungen an den Trainer**

Für den Trainer stellen sich zwei Möglichkeiten dar, das Segelboot für die erlebnisorientierte Teamentwicklung einzusetzen.

1. Er engagiert einen Skipper, also jemanden, der die Berechtigung zum Führen eines Schiffes besitzt. In diesem Falle kann sich der Trainer dann voll und ganz der Teamentwicklung widmen.

2. Der Trainer ist selbst im Besitz der notwendigen Bootsführerscheine. Damit übernimmt der Trainer dann auch die Funktion des "Kapitäns". In diesem Fall kann er in Bezug auf Routenwahl, Anlaufen von Häfen etc. flexibler entscheiden und handeln. Zudem kann er auch nach eigenem Ermessen entscheiden, wann und inwieweit er die Teilnehmer an der Bootssteuerung usw. beteiligt.

Wie auch immer verfahren wird, der Trainer braucht auf alle Fälle ein Basiswissen über das Segeln, die Bootstypen und das Leben auf dem Boot. Nur so können Erlebnisse geplant und somit eingesetzt werden.

Bei der Planung und Organisation muß er beachten, wieviele Teilnehmer er realistisch auf einen bestimmten Bootstyp "packen" kann. Zahlenangaben von Charterfirmen können nicht immer ganz ernst genommen werden.

Auch muß er wissen, wieviel Leute er zum Segeln eines bestimmten Bootstyps benötigt und ob er es notfalls auch alleine segeln kann. In Erwägung gezogen werden muß, welche Gewässer besegelt werden sollen und auch unter diesen Gesichtspunkten muß ein geeignetes Boot mit einer entsprechenden Ausrüstung ausgewählt werden.

Für das Segeln auf offenem Meer wird ein anders ausgerüstetes Schiff benötigt, als beim Küstensegeln. Es ist auch ein Unterschied, ob in der Ost- oder Nordsee bei vorherrschenden starken Winden gesegelt wird oder in der Adria, wo die meiste Zeit, mangels Wind, mit dem Motor gefahren werden muß.
Auch die Jahreszeit, mit den zu dieser Zeit örtlich auftretenden Winden, ist zu berücksichtigen. Es wäre z.B. ein Fehler, sich im Frühjahr in Griechenland auf ein Schönwettersegeln einzustellen. Um diese Jahreszeit herrschen hier stürmische, böige, kalte Winde.Der Trainer muß bei der Planung also entweder ganz genau wissen, was und wieso er etwas macht, oder er sollte gewisse Aufgaben an kompetentere Leute abgeben.

B. **Unbekannte Situationen**

Bei den meisten Menschen, die nicht am Meer geboren und aufgewachsen sind, erweckt der Blick auf die offene See, über den weiten Horizont des Meeres, ein packendes, beeindruckendes Gefühl, ähnlich dem, das einen auf der Höhe eines Berggipfels erfaßt.
Das Meer ist für den Menschen eine unbekannte, bedrohliche, aber auch faszinierende Umgebung. Der Weg vom Festland auf das Schiff, dem man sich anvertraut, ist noch einmal ein weiterer Schritt ins Ungewisse.

Auch auf dem Schiff ist das Wenigste so, wie man es von zu Hause gewohnt ist. Der Raum auf dem Boot ist äußerst begrenzt.

Der Teilnehmer kann auch hier wiederum nur das nötigste an Gepäck mit an Bord nehmen. Die Auswahl der für einen persönlich wichtigen Dinge ist also unausweichlich. Die Koje, die als Schlafplatz dient, ist oft alles andere als heimelig und es bedarf schon einiger Gewöhnung, sich in so einem "Sarg" zur Ruhe zu begeben und dann auch schlafen zu können.
Nicht nur der eigene Bereich ist auf einem Segelboot sehr begrenzt. Jeder Raum, ob Bad, Kombüse oder Eßplatz ist rein pragmatisch angelegt. Jeder Winkel wird genutzt. Entsprechend oft "haut" man sich überall an und steht sich gegenseitig im Weg.

Ist man einmal auf See, so gibt es kein Entrinnen mehr. Man kann auch den anderen nicht mehr entfliehen, sich zurückziehen und alleine sein. Vielleicht kann man die Koje noch optisch mit einem Vorhang von dem Rest des Raumes trennen, das Gefühl des Alleinseins wird trotzdem nicht aufkommen, wenn sich noch mehrere Personen im gleichen Raum aufhalten.

Ein anderes Novum für den Teilnehmer ist das beständige Schaukeln auf dem Schiff. Ein Zustand, der erst nach einiger Zeit zur Gewohnheit wird. Ist dies der Fall, so wird der Teilnehmer bei seinem nächsten Landgang ein unsicheres Gefühl und den Eindruck haben, daß der Erdboden schwankt.

Werden bei stärkerem Wind extremere Schräglagen gefahren und peitscht dann das Wasser über das Deck, so ist das ein Umstand, mit dem der einzelne sich auch erst einmal zurecht finden muß.

Auch mit den alltäglichen Arbeiten und der Handhabung des Bootes werden die meisten noch wenig Erfahrung haben.

Für die Teilnehmer herrscht also eine völlig neue, ungewohnte und unberechenbare Situation an Bord.
Alte Gewohnheiten müssen abgelegt werden, der einzelne muß sich mit der neuen Situation arrangieren und sich für Neues öffnen. Das Segelboot bietet also ausgezeichnete Lernchancen im Bereich der Flexibilität, der Spontaneität und der Selbstreflexion.

C. **Herausforderungen an die Selbstüberwindung und Selbsterfahrung**

Wie schon beschrieben, liegt eine Herausforderung sowohl an Selbstüberwindung, als auch an Selbstentdeckung der eigenen Person in dem Umstand, daß jeder während der ganzen Fahrt gezwungen ist, die Zeit mit den anderen, nahezu ohne Rückzugsmöglichkeiten zu verbringen.

Eine weitere Herausforderung ist die Arbeit auf dem Schiff, unter zum Teil sehr schwierigen Bedingungen.

"Je schwieriger die Situationen, desto mehr muß getan werden. Mit klammen Fingern müssen Segel gesetzt oder geborgen, Knoten geknüpft oder gelöst, Taue und Leinen angeschlagen, gesichert und aufgeschossen werden. ... Je schlechter das Wetter und je stärker der Wind, desto höher wachsen die körperlichen Anforderungen und Anstrengungen des Segelns - und um so drastischer fordert Neptun gerade dann seine 'Opfer' (Seekrankheit; Anm. d. Verf.). Und wenn dies bei etlichen gleichzeitig der Fall ist, dann verteilt sich die gewachsene Last und Aufgabe auf wenige Schultern."[134]

Aber auch das "Nichtstun" bei Flaute kann schnell zu einer Herausforderung werden, die sich vor allem in Form von Launen und körperlicher Erschöpfung mangels Abkühlung äußert. Wenn z.B. alle auf Wind und damit auf Abwechslung und Betätigung warten, kann dies sehr auf die Stimmung der Teilnehmer schlagen.

"Reicht also die Bandbreite der körperlichen An- und Herausforderung vom Müßiggang bei Flaute bis hin zum völligen Erschöpftsein und der letzten Kraft, mit der man sich gegen die Macht des Windes in ein Seil hängen muß, so gilt ähnliches für die Psyche. Da kann man sich in der Sonne und Wärme und unter Begleitung leisen Plätscherns der Wellen völlig entspannen - eine (nächtliche) Sturmfahrt kann dann aber Gefühle auslösen, die von der Angst vor der Beschädigung des Schiffs bis zur wirklichen Todesangst reichen können."[135]

Auch die Seekrankheit, die von einem bestimmten Wellengang an fast jeden befällt, stellt eine Herausforderung dar. Der Teilnehmer muß sich in diesem Fall überwinden und trotz allen Unwohlseins seine Arbeit auf dem Schiff so gut und so weit als möglich erledigen, da jeder auf dem Schiff Verantwortung sowohl für sich als auch für andere mitträgt. Auf einem Segelschiff muß sich jeder auf jeden verlassen und ihm vertrauen können.

"So gut wie jedes Manöver stellt eine Herausforderung an die Konzentration, Verläßlichkeit und Diszipliniertheit jedes einzelnen dar, und immer dann, wenn z.B. kritische Wetterverhältnisse oder auch natürliche Bedingungen und Erschwernisse hinzukommen, kann mit ihnen eine tatsächliche, echte Gefahr verbunden sein, die auch jeden Teilnehmer 'echt fordert'. Da gibt es keine Unverbindlichkeiten, da kommt es auf den Einsatz und die Geistesgegenwart jedes einzelnen an. Plötzliche Veränderungen, Überraschungen und wirkliche Gefahren erfordern beim Segeln nachdrücklich, sich zur Ruhe, zu situationsgerechtem, folgerichtigem Handeln durchzuringen, den Kopf nicht zu verlieren und weder tollkühn noch leichtsinnig zu agieren und zu reagieren."[136]

D. **Soziales Lernen**

"Jeder Segeltörn zeichnet sich grundlegend - unabhängig von Dauer, Streckenlänge, Wetter usw. - dadurch aus, daß alle Teilnehmer, sobald sie an Bord sind, 'in einem Boot sitzen'. Segelboote der hier beschriebenen Größenordnung lassen sich nicht alleine segeln; 'Crew und Teamwork' sind wesensmäßige Bestandteile des Segelns"[137]

Beim Segeln ist also die Zusammenarbeit , ähnlich wie beim Raft, nicht nur in Gefahrensituationen nötig. Ohne Zusammenarbeit läuft und bewegt sich auf einem Segelboot gar nichts. Im Gegenteil, Gefahrenmomente können dann entstehen, wenn es mit der Zusammenarbeit eben nicht klappt.

"Hinzukommt, daß die meisten segeltechnischen Vorgänge hohe Anforderungen an die folgerichtige, gleichzeitige oder direkt nacheinander erfolgende Tätigkeit mehrerer Personen stellen. Beispielhaft für viele solcher Abläufe ist etwa ein Wendemanöver, das (selbst bei noch nicht extremen Windstärken, abhängig vom Schiffstyp) bei nicht folgerichtiger Ausführung zu mehreren Zeitpunkten des Manövers zu dessen Scheitern, bis hin zum Kentern des Bootes oder zu Beschädigungen führen kann."[138]

Diese Manöver müssen natürlich erst unter günstigen Bedingungen geübt und eingespielt werden, damit dann in schwierigen Situationen Kooperation, Verläßlichkeit und nahezu blindes Vertrauen unter der Crew vorhanden ist.

Die Erfahrung, daß sehr viele der anfallenden Arbeiten gemeinsam besser und schneller zu lösen sind und daß von einer gegenseitigen Vertrauensbasis alle profitieren, wird fast zwangsläufig gemacht.

Aber nicht nur die anfallenden Arbeiten und die Technik des Segelns sind Lernfelder für das "gute miteinander Auskommen" in der Gruppe.

Eine sehr lernintensive Situation ist auch das Zusammenleben auf engstem Raum. Alle sitzen in einem Boot und keiner kann dem anderen entkommen. Es gibt nur die Alternativen des "Miteinanderauskommens" oder des gegenseitigen "Zerfleischens". Wobei der Trainer natürlich den Schwerpunkt auf die erstere Möglichkeiten legen sollte.

"An Bord lebt, arbeitet, ißt, trinkt und schläft man zusammen und es gibt kaum eine Möglichkeit, sich zurückzuziehen, irgendwo 'privat' zu sein; andauernd sieht, hört man sich, riecht sich, auch wenn man sich nicht mehr riechen kann. Dieses direkte Zusammenleben kann durch 'Außenbedingungen' in positiver wie auch negativer Richtung extrem verstärkt werden."[139]

Dieser Umstand verlangt Toleranz, mitmenschliche Fähigkeiten und Konfliktfähigkeit von allen Beteiligten. Diese Fähigkeiten können hier trainiert, erweitert und ausprobiert werden.

Bei aller Toleranz und Zurückhaltung wird es auf dem Schiff trotzdem zu Spannungen und Konflikten kommen. Dies ist eine enorme Lernchance für den Erwerb und Ausbau der Konfliktfähigkeit und der Bereitschaft sich auf Konflikte einzulassen. Werden vom Trainer Spannungen bemerkt, die nicht oder nur über die Sachebene ausgetragen werden, so ist es seine Aufgabe, diesen Konflikt anzusprechen und ihn mit den Betroffenen zu lösen.

"Segeltouren (insbesondere von längerer Dauer) wird nicht umsonst ein gruppentherapeutischer Effekt zugeschrieben, der vor allem die Bereiche des Spannungsaufbaus und der Spannungsreduktion betrifft und der wohl zentral mit der Unausweichlichkeit der Gruppe zusammenhängt: Ich kann mich praktisch von den anderen nicht zurückziehen, und wenn ich einen anderen noch so sehr hasse, so muß ich doch einfach mit ihm zusammenarbeiten und bleibe auf ihn angewiesen."[140]

Hier tut sich also ein nahezu ideales Gebiet auf, um den Umgang mit und die Bewältigung von Konflikten zu lernen. Die Konfliktfähigkeit ist eine wichtige Voraussetzung für die Arbeit im Team, da auch hier immer wieder Probleme und Reibereien unter den Teammitgliedern auftauchen werden, die gelöst werden müssen.

Auf einem Schiff ist also weniger die "... ich-bezogene Initiative gefordert, sondern eher die Disziplin, nicht herausragende Leistungen des einzelnen, sondern aufmerksames Achten auf die anderen, die Bereitschaft, sich selbst dem Ganzen zur Verfügung zu stellen."[141]

D. **Praktisches Lernen**

Das Segeln selber wird zwar auch hier, bei dieser Maßnahme, nur in den Grundzügen gelernt.
Es kann jedoch für den einzelnen ein Anstoß sein, falls ihm die physischischen und vor allem psychischen Anstrengungen nicht davon abhalten, weiterzumachen, sich zu schulen und die nötigen Scheine zu erwerben.

Aus den Erfahrungen, die während der Maßnahme gemacht wurden, wird wohl auch jeder ein Stück weit für sein Privatleben gelernt haben, so daß er die Gemeinschaft, in der er lebt, mit anderen Augen betrachten kann und in seinem Umfeld besser mit Konflikten umgehen kann.

E. **Besondere Eignung**

Gerade die Intensität der sozialen Erfahrungen ist bei kaum einer anderen Maßnahme so zu erreichen wie beim Segeln.
Deshalb ist diese Maßnahme eine einmalige Gelegenheit, das gewünschte Ziel, ein gut funktionierendes Team zu bilden, anzusteuern. Dies gilt vor allem, wenn die Arbeit von Teams durch Spannungen und Konflikte behindert wird.

Allerdings muß auch erwähnt werden, daß diese Maßnahme aufgrund der hohen Schiffschartergebühren, des Transportes der Teilnehmer zum Hafen und der möglicherweise anfallenden Skipperkosten nicht unbedingt zu den preisgünstigsten erlebnisorientierten Veranstaltungen zu zählen ist.

Radtour

A. **Anforderungen an den Trainer**

Die spezifischen Anforderungen einer Radtour an den Trainer fallen sehr gering aus.
Er sollte eine wenig technisches Geschick haben, um bei Pannen zu helfen oder eine Gangschaltung einstellen zu können. Allerdings kann oft davon ausgegangen werden, daß einer der Teilnehmer sich auf diesem Gebiet gut auskennt und somit anderen helfen kann.

Außerdem sollte der Trainer sich mit Fahrradtypen, deren Qualität und Eigenschaften, auskennen, um bei einer Vorabbegutachtung der Räder nicht geeignete erkennen und aussortieren zu können. Denn nicht alle Fahrräder sind für eine Tour geeignet. So sind z.B. ausgesprochene Rennräder nicht genug belastbar, und es muß oft mit einem "Achter" gerechnet werden.

Auch Räder ohne oder nur mit einer Dreigangschaltung ausgerüstet, wie etwa sogenannte Hollandräder, sind für eine Radtour nicht tauglich. Durch sie würde der Rest der Gruppe zu sehr gebremst werden, was Unmut erzeugen könnte. Auch die Fahrer dieser Räder selbst würden sich zu sehr anstrengen müssen, um mit der Gruppe mithalten zu können.

B. **Unbekannte Situationen**

Das Fahrradfahren bietet im Normalfall sehr wenig unbekannte Situationen. Jeder ist schon einmal auf einem Fahrrad gesessen, hat Erfahrung damit und weiß damit umzugehen. Zudem ist die Fahrradtour sehr zivilisationsnah, und somit bewegt sich der Teilnehmer in einem Feld, in dem seine gewohnten Handlungsstrategien zumeist anwendbar und gültig sind.

Allerdings kennen schon weniger Teilnehmer die Situation, mit dem Rad mehrere Tage unterwegs zu sein, gegebenenfalls das Gepäck auf dem Rad transportieren zu müssen und es dementsprechend auch nach Größe und Gewicht auszuwählen.

Auch die Distanzen, die an einem Tag zurückgelegt werden, unterscheiden sich meist erheblich von den gewohnten Einkaufstouren oder den Sonntagausflügen in den nahegelegenen Biergarten.

Weniger bekannt können für den einen oder anderen die durchfahrenen Landschaften sein. Strecken, die sonst mit dem Auto befahren werden, werden weitestgehend gemieden. Die verkehrsarmen, kleinen Straßen, die augewählt und befahren werden, führen oft durch wunderschöne Landschaften und Orte. Und im Gegensatz zum Auto, fährt man mit dem Fahrrad eine Geschwindigkeit, die es einem erlaubt, die Gegend in Ruhe zu betrachten.

Trotzdem bietet die Radtour für den Teilnehmer kein absolutes Neuland. Die Entdeckerfreude steht hier mehr im Vordergrund als die Abenteuerlust.

C. **Herausforderungen an die Selbstüberwindung und Selbsterfahrung**

"Auch wenn man sich körperlich gut auf eine Radtour vorbereitet hat, bleiben oft Empfindungen an jenen Körperstellen nicht aus, die beim Radfahren besonders beansprucht werden: Rücken und Hinterteil, Waden, Schenkel, Oberarme und Hände schmerzen, da die Beanspruchungen manchmal sehr punktuell sind."[142]

Es bedarf einer starken Selbstüberwindung, um nach einer kurzen Pause oder sogar nach einer Pause von einem ganzen Tag trotz schmerzenden Körpers, wieder auf den harten Sattel zu steigen und weiterzufahren. Auch Tiefpunkte, die durch Hunger und Durst ausgelöst und von jedem erlebt werden, müssen überwunden werden. Hinzu kommt noch die Anstrengung, die jeden die eigenen Leistungsgrenzen erkennen läßt.

"Körperliche und psychische Selbstüberwindung sind besonders in solchen Situationen, die eine gewisse Ausdauer und Durchhaltekraft erfordern, eng gekoppelt."[143]

Allerdings können Erfahrungen im Bereich der Selbstüberwindung bei dieser Maßnahme auch nur bedingt geplant und erlebt werden.

"Eine Radtour, die überwiegend über die Straßen einer Zivilisationslandschaft führt, hat die Herausforderung für den einzelnen wohl überwiegend in der Notwendigkeit, sowohl die Distanz als auch die eigenen körperlichen und psychischen Grenzen zu überwinden. Während es aber beispielsweise bei einer Kanutour vorkommen kann, daß man das Wagnis eingehen muß, die Durchfahrt durch einen reißenden Kanal oder durch Stromschnellen zu riskieren und zu sehen, 'ob man wirklich mit heilen Knochen herauskommt', wäre Ähnliches (z.B. eine steile, unübersichtliche Abfahrt hinunterzurasen, um zu sehen, ob Mann und Rad das überstehen) viel zu gefährlich und daher unsinnig."[144]

Die Bedrohungen, Belastungen und Risiken bestehen bei dieser erlebnisorientierten Maßnahme also eher aus:

- körperlicher und psychischer Belastung,
- den Folgen unsachgemäßen Verhaltens,
- und den technischen Problemen, die sich durch das Fahrrad ergeben.

Dadurch besitzen diese Herausforderungen zumindest teilweise einen ganz anderen Charakter als die direkt naturbezogenen der anderen Maßnahmen.

D. **Soziales Lernen**

Bei Radtouren fährt jeder alleine auf seinem Rad. Im Prinzip könnte jeder diese Tour auch alleine, ohne die anderen durchführen. Er ist nicht unmittelbar auf andere angewiesen.

Trotzdem bietet die Radtour die Möglichkeit, während des Fahrens miteinander zu kommunizieren. Wird in einer Gruppe gefahren, so ist auch hier wieder gegenseitige Rücksicht gefordert. Es muß z.B. ein gemeinsames Tempo gefunden werden, das keinen über-, aber auch niemanden unterfordert.

"Ständiger Tempowechsel, Überholen etc. bringen Spannungen. Bei einer Radgruppe ist dabei überdies sehr schnell die direkte Gefährdung anderer gegeben, indem es durch eigene Unkonzentriertheit oder Rücksichtslosigkeit zu Rempeleien und sogar Stürzen kommen kann."[145]

Auch in Fällen einer Panne oder eines Unfalls ist man dann froh, wenn andere dabei sind und bereit sind, einem zu helfen.

Die Aufteilung des Gemeinschaftsgepäcks auf die einzelnen Räder fordert den Gruppengeist. Wenn ein Leistungsfähigerer sich bereit erklärt, einem Schwächeren in der Gruppe etwas abzunehmen, so profitiert davon die ganze Gruppe.

Gegenseitige Unterstützung kann auch in Form von Fahrtechniken erfolgen, wie z.B. beim Windschattenfahren. Hierbei fahren bei Gegenwind ein oder zwei Fahrer voraus. Die anderen halten sich der Reihe nach direkt hinter ihnen und sind dadurch vor dem Gegenwind geschützt. Der Vorausfahrende muß dabei ein Tempo angeben, dem die anderen folgen können. Er weiß, daß das Vorderrad seines Hintermannes fast sein Hinterrad berührt. Deshalb muß er gleichmäßig und vorausschauend fahren und darf, um eine Karambolage, zu vermeiden nicht unabgesprochen bremsen. Ebenso müssen die Folgenden ihre ganze Aufmerksamkeit auf den Vordermann richten.
Außerdem müssen diese beherzigen, daß der Vordermann in der anstrengendsten Position fährt, und diesen deshalb rechtzeitig durch Überholen und Positionsübernahme ablösen.

E. **Praktisches Lernen**

Über das Radfahren wird bei dieser Maßnahme wohl keiner allzuviel Neues dazu lernen.
Vielleicht schon eher im Bereich der Tourenplanung, der Routenwahl, und des Equipments. Auch über energiesparende Fahrtechniken und die Fahrradtechnik kann wohl mancher noch etwas Neues erfahren.
Möglicherweise wird der eine oder andere auch wieder die Lust am Fahrradfahren entdecken und diesen Sport nach der Tour weiter betreiben.

F. **Besondere Eignung**

Da Fahrradtouren wenig Neues an Herausforderungen für den einzelnen bieten, und auch die sozialen Gruppenprozesse wenig gefordert sind, eignen sie sich weniger für die erlebnisorientierte Teamentwicklung. Wird die Radtour dennoch für diesen Zweck eingesetzt, so muß der Trainer die Defizite an Herausforderungen und damit an Lernchancen durch ergänzende, andere Maßnahmen ausgleichen.
Interessant an einer Radtour ist jedoch, daß fast jeder die dazu benötigte Ausrüstung zu Hause stehen hat und diese Maßnahme ohne allzu großen finanziellen und planerischem Aufwand durchzuführen ist.

Mountainbike Touren

Wiederum eine Sonderform des Radfahrens ist das "Mountenbiken".
Auch hier sollen nur kurz die Unterschiede dieser Form des Radfahrens und seine Besonderheiten im Gegensatz zur normalen Radtour herausgestellt werden.

Das Mountainbike ist ein besonders stabil gebautes Fahrrad mit mindestens achtzehn Gängen, das für den Einsatz auf unbefestigten, steil ansteigenden Wegen geeignet ist.
Allerdings ist nicht jedes Rad, das als Mountainbike verkauft wird, auf jedem Gelände einsetzbar. Wird wirklich eine Tour in den Bergen geplant, so ist eine qualitativ hochwertige Ausstattung unbedingt notwendig. So gibt es hier z.B. große Unterschiede in der Art der Gangschaltung, bei den Bremsen und beim Gesamtgewicht des Rades.

Das Einsatzgebiet für das MTB ist weit gestreut. Es kann von normalen Straßentouren, über Wald- und Feldwegen in der Ebene, bis hin zu Bergwanderwegen gefahren werden.

Das öffnet für die erlebnisorientierte Teamentwicklung per Fahrrad neue Wege und Perspektiven. Hiermit steht, im Gegensatz zur gewöhnlichen Fahrradtour, bei der Mountainbike Tour wieder der Weg in die Natur und die Berge offen. Also bewegt sich der Teilnehmer wieder auf einem Gebiet, auf dem die Brauchbarkeit der bisherigen Handlungsmuster neu überprüft werden muß.

Fahrtechnisch stellt das MTB an den Fahrer wesentlich höhere Ansprüche, als das gewohnte Fahrrad. Es müssen schmale, rutschige und unübersichtliche Wege befahren werden, auf denen die Bremse teilweise nur sehr behutsam eingesetzt werden darf. Oftmals müssen die Räder geschoben oder gar getragen werden, da ein Befahren nicht möglich oder aber zu gefährlich wäre. Hinter jeder Kurve kann ein Hindernis, z.B. ein umgestürzter Baum oder ein Fels liegen.

Schnell kann es passieren, daß man in einem unachtsamen Moment von einem Stein oder einer Wurzel zu Fall gebracht wird, da diese nicht richtig angefahren wurden.
Nach dieser Erfahrung wird der Teilnehmer das nächste Mal vorsichtiger sein.

Auch der körperliche Einsatz auf dem MTB kann, je nach Strecke, bis in das Extreme ansteigen. Es werden an den Teilnehmer also sehr hohe Anforderungen an **Voraussicht**, **Konzentration** und **schnelles, angemessenes Reagieren** gestellt.

Ebenso ist ein hohes Maß an Selbstüberwindung sowohl im psychischen als auch im physischen Bereich erforderlich. Die Folgen, wie die Steigerung des Selbstwertgefühl und des Selbstbewußtseins, wurden ja schon eingehend beschrieben.

Es müssen allerdings bei der Routenplanung die körperliche Verfassung und die Kondition der Teilnehmer unbedingt berücksichtigt werden, da eine Überforderung eine Frustrierung der Teilnehmer zur Folge hätte.
Die Strecken müssen also so gewählt werden, daß zumindest am Anfang die Distanzen nicht zu weit gesteckt und mit vielen Pausen versehen werden.

Da die Fahrten zum Großteil in der Natur, also abseits der Zivilisation in den Bergen stattfinden werden, können sie gut mit Hüttenaufenthalten gekoppelt werden. Die wiederum sind, wie schon bei den Bergtouren beschrieben, ein ideales Lernfeld für die Teamentwicklung und die Zusammenarbeit.

Unterstützt und gesteigert wird die Situation noch durch das der Bergwelt eigentümliche Hochgefühl und die Verbundenheit zu den anderen, die das gleiche durchgestanden haben wie man selbst.

Damit würde sich eine, auf das Ziel der erlebnisorientierten Teamarbeit hin geplante Mountainbike Tour hervorragend für diesen Zweck eignen.

Skifahren

A. **Anforderungen an den Trainer**

Skifahren ist ein Sport, mit dem, zumindest im Süden von Deutschland, fast jeder schon einmal in Berührung gekommen ist. Es ist also nicht unwahrscheinlich, daß der Trainer auf ein Team stößt, in dem alle begeisterte Skifahrer sind.

Können einzelne das Skifahren noch nicht, so fällt diese Sportart, als Maßnahme für die erlebnisorientierte Teamentwicklung heraus, da der Trainer sich sonst nur um diese Personen bemühen müßte und somit ganz von der Aufgabe des Skilehrers eingenommen wird.
Anders würde es aussehen, wenn noch keiner aus dem Team jemals auf Skiern gestanden hätte. Damit wäre die Gruppe wieder vereint und alle gleichmäßig gefordert.

Das Skifahren auf normalen, präparierten Pisten erfordert vom Trainer kaum besondere Kenntnisse und Fähigkeiten.
Er sollte sich mit der Ausrüstung ein wenig auskennen, wobei die Beratung auch ein Sportgeschäft übernehmen kann, und er sollte zumindest so gut fahren können, daß er in der Lage ist, den Teilnehmern über die Dauer der Maßnahme einige Fahrtechniken und Fahrstile beizubringen.
Die Sicherheitsvorkehrungen werden meist von den Liftbetreibern und der Bergwacht gewährleistet.

B. **Unbekannte Situationen**

Können die Teilnehmer schon von vornherein Skifahren, so bietet die Piste diesen wenig Neues.
Von unbekannten, ungewissen Situationen kann hier also nicht die Rede sein.
Deshalb sollte auf eine Unterbringung geachtet werden, die sich von den üblicherweise gebuchten Sporthotels und Pensionen unterscheidet.

Ideal wäre eine Selbstversorgerhütte. Die Lernchancen, die sich bei einem Zusammenleben auf einer Hütte ergeben, wurden bereits schon beschrieben.

Eine andere Wirkung hat die Piste auf diejenigen, die noch nie auf Skiern gestanden haben. Sie stellt eine Herausforderung dar, zumal fast alle um einen herum sich auch auf ihr bewegen können.

Sie wirkt bedrohlich, da sie mit Stürzen und nicht mehr kontrollierbaren Geschwindigkeiten in Verbindung gebracht wird.
In dem Fall, daß die Teilnehmer Neuanfänger im Bereich des Skisports sind, sind für sie auf jeden Fall unbekannte Situationen auf der Piste gegeben. Es ist für sie, als müßten sie das Laufen noch einmal von Grund auf neu erlernen. Es muß sich also auf die neue Umgebung eingestellt werden, um sich in ihr bewegen und zurecht finden zu können.

C. **Herausforderungen an die Selbstüberwindung und Selbstentdeckung**

Für **Anfänger**:

Jeder, der einmal das Skifahren begonnen hat weiß, wie schwer der Anfang ist. Es ist wie ein erneutes Erlernen des Laufens, hier eben des Skilaufens. Selbst das alleinige Wiederaufrichten nach einem Sturz muß zunächst mit Skiern am Hang erlernt werden.

Es bedarf schon einiger Selbstüberwindung, hier nicht aufzugeben und den kalten, feuchten Platz im Schnee gegen einen warmen, gemütlichen Platz in der Hütte einzutauschen.

Auch das scheinbar mühelose Vorbeifahren der anderen Skifahrer bedeutet für den Lernenden eher eine Frustration, gegen die es anzukämpfen gilt. Es kann allerdings auch ein Ansporn sein, weiter zu üben, um auch einmal auf diese Weise die Piste hinunterfahren zu können.

Für **Alle**:

Auch die Witterungsbedingungen stellen einen auf der Piste auf die Probe. Die Temperaturen können weit in den Minusgraden liegen, der Wind kann einem Eiskristalle ins Gesicht blasen, die wie Nadelstiche schmerzen, oder die Fühjahrssonne sticht so herunter und wird vom Schnee noch entsprechend reflektiert, so daß man innerhalb kürzester Zeit einen Sonnenbrand hat. Und da man natürlich wieder einmal die falsche Kleidung gewählt hat, steht man bald im eigenen Schweiß.

Obgleich das Skifahren einfach wirkt und das Bergabfahren sehr einfach aussieht, so ist es in Wirklichkeit doch ein Sport, der vor allem wenn man ihn noch nicht so gut beherrscht, sehr kräftezehrend und anstrengend sein kann.

Also gibt es auch hier eine ganze Anzahl von Herausforderungen an die Selbstüberwindung.

D. **Soziales Lernen**

Beim Skifahren auf der Piste kann kaum mehr von einem sozialen Lernen gesprochen werden. Zwar wird oft in Gruppen gefahren, das heißt, die Schnelleren müssen sich den Langsameren anpassen, trotzdem ist jeder im Grunde auf sich allein gestellt.

Die Kommunikation zwischen den Teilnehmern beschränkt sich auf die Pausen, die Liftfahrt und auf die Zeit, in der nicht gefahren wird.

Allerdings bietet sich auch hier wieder die Unterbringung in einer Selbstversorgerhütte an. Somit kann auch hier das Defizit an sozialem Lernen ausgeglichen werden.

E. **Praktisches Lernen**

In einer Woche kann der Teilnehmer ohne weiteres die Grundzüge des Skifahrens erlernen, so daß er in der Lage ist, sich auf Skiern zu bewegen und Spaß daran hat.
Er kann also in Zukunft den Sport weiter betreiben und entweder selber oder durch professionelle Schulen sein fahrtechnisches Können erweitern.

F. **Besondere Eignung**

Das Skifahren selber ist, wie schon erwähnt, ein Sport, den man eher alleine betreibt.
Daher liegt die Eignung dieses Sportes weniger in der Team- sondern vielmehr in der Persönlichkeitsentwicklung, obgleich ein gemeinschaftlicher Aspekt beim Skifahren nicht zu leugnen ist.

Wird der Schwerpunkt auf das Gemeinsame beim Skifahren gelegt und findet die Unterbringung nicht gerade in einem Sporthotel, sondern in einer Unterkunft statt, die Anforderungen an die Gemeinschaft stellt, so ist das Skifahren eine durchaus brauchbare Sportart für die erlebnisorientierte Teamentwicklung.

Skitouren

A. **Anforderungen an den Trainer**

Eine besondere Form des Skifahrens ist wiederum das Skitourengehen oder Skiwandern.

Will ein Trainer diese Form des Wintersports als erlebnisorientierte Maßnahme anbieten, so muß er sich unbedingt und zwar sehr gut, mit dieser schönen, aber auch sehr gefährlichen Sportart auskennen. Andernfalls würde er leicht sich selber und andere in größte Gefahr bringen.

Er muß lawienengefährdete Hänge sofort erkennen, Wetterlagen und Wetterboten deuten können und wissen, wo mit Gletscherspalten und Schneebrettern zu rechnen ist.

Im Falle einer Notsituation muß er in der Lage sein, andere zu bergen, Erst- und Notversorgung vorzunehmen und Verletzte notfalls alleine ins Tal transportieren können.

Er braucht also ein umfangreiches Wissen und muß gleichzeitig fahrtechnisch sehr gut sein.

B. **Unbekannte Situationen**

Für die meisten Teilnehmer wird die winterliche Bergwelt abseits der Liftanlagen in ihrer Einsamkeit und Unberührtheit eine völlig neue Erfahrung darstellen, die einen bleibenden Eindruck hinterläßt.

Auch die Fortbewegung, das Besteigen eines Berges durch den Tiefschnee, mittels mit Fellen beklebter Skier, wird den meisten ungewohnt und fremd sein.

Die meisten der unbekannten Situationen, die schon bei der sommerlichen Bergwandertour aufgeführt wurden, treffen auch auf die Skitour zu.
So zum Beispiel der Umgang mit Kartenmaterial, die Auswahl der mitgeführten Ausrüstung und der benötigten Privatsachen.

Auch beim Skiwandern ist, ebenso wie beim Bergwandern, ständig **Flexibilität** gefordert, da ständig mit neuen, unerwarteten Situationen gerechnet werden muß.
So kann man z.B. nie hundertprozentig davon ausgehen, daß die geplante Route auch gegangen werden kann. Lawinengefahr oder Wetterumschläge können der Gruppe jederzeit einen Strich durch die Rechnung machen und diese zum Umkehren oder zum Ausweichen auf eine Alternativroute zwingen.

C. **Herausforderungen an die Selbstentdeckung und Selbsterfahrung**

Einen Berg mit Skiern zu bezwingen ist noch wesentlich kraft-, zeit- und konditionsaufwendiger, als ihn im Sommer zu Fuß zu besteigen. Jeder muß eine schwere Ausrüstung mit sich tragen, gegen den hohen Schnee ankämpfen und sich je nach Witterung mit Kälte oder Hitze auseinandersetzen.

Auch der Anstieg kann lange nicht so direkt bewältigt werden, wie im Sommer, sondern es wird meistens in langezogen Serpentinen gegangen. Jede Kehre mit den Skiern stellt einen kleinen Kraftakt dar.

Deshalb wird auch hier jeder immer wieder an den Punkt angelangen, aufgeben und umdrehen zu wollen. Es wird also zwangsläufig ein innerer Kampf ausgetragen, und man muß sich dazu zwingen weiterzugehen. Zumal ein alleiniges Abfahren ohne die Gruppe ein zu großes Risiko darstellen würde.

Auf einer Skitour wird nahezu jeder Teilnehmer bis an seine Leistungsgrenzen gefordert. Er lernt diese dabei kennen. Er wird **erfahren, daß** diese **vermeintlichen Leistungsgrenzen auch überschritten werden können**.

Aber auch die psychische Selbstüberwindung ist hier, ebenso wie auf einer Bergtour, gefordert.

Die **Angst und Anspannung zu überwinden**, vorsichtig an einem lawinengefährdeten Hang vorbei zu gehen, Gebiete mit Gletscherspalten zu passieren oder entlang an steilen Abfällen zu wandern, erfordert einiges an Courage.

Es bieten sich auf einer Skitour also ausgezeichnete Lernchancen zur Persönlichkeitsentwicklung.

D. **Soziales Lernen**

Im Gegensatz zum gewöhnlichen Skifahren auf der präparierten Piste, ist das Tourengehen ein Sport, der fast nur in Gruppen betrieben wird.
Dies geschieht vor allem aus Sicherheitsgründen. Hier herrscht die Situation der gegenseitigen Abhängigkeit und des gegenseitigen Anvertrauens vor.

Geht man z.B. angeseilt durch ein Gebiet mit Spalten, so muß den anderen vertraut werden. Im Falle eines Absturzes ist man darauf angewiesen, daß die anderen richtig reagieren und einen retten können.

Jeder ist auf jeden angewiesen. Die Möglichkeit, eine ausgeprägte **Vertrauensbasis in der Gruppe** zu schaffen, ist gegeben.

Auch die Möglichkeit der Interaktion innerhalb der Gruppe ist bei der Skitour weit mehr gegeben als beim Skilaufen.
Sowohl während des Aufstiegs, als auch in den Pausen ist Kommunikation möglich. Diese wird schon aufgrund der Tatsache sehr schnell entstehen, daß alle gemeinsam dieselben Strapazen auf sich nehmen und alle die phantastischen Natureindrücke erleben und verarbeiten müssen.

In bezug auf **Toleranz** und **Rücksichtnahme** den anderen gegenüber werden auch hier wieder hohe Anforderungen an die Gruppe gestellt. Ein gemeinsames Tempo muß gefunden werden, da eine Trennung von der Gruppe nicht möglich ist. Einzelkämpfertum ist hier nicht angebracht. Die Schnelleren müssen sich also zurückhalten und die Langsameren müssen sich anstrengen, um die Gruppe nicht unnötig aufzuhalten.

Ein weiteres Beispiel ist das Spuren. Der der Gruppe Vorausgehende hat die mühselige Aufgabe, eine Spur zu treten, in der die anderen nachfolgen. Es sollte in der Gruppe klar sein, daß diese Position die meiste Zeit die Leistungsfähigeren einnehmen.
Allerdings müssen die Nachfolgenden den Spurer rechtzeitig ablösen, damit er sich nicht total verausgabt und die Belastung in der Gruppe auf mehreren Schultern verteilt ist. Über den Aspekt des sozialen Lernens auf der Hütte, die als Unterbringung am zweckmäßigsten erscheint, braucht wohl nicht mehr näher eingegangen werden.

E. **Praktisches Lernen**

Eine Grundvoraussetzung für den Einsatz der Skitour als erlebnisorientierte Bildungsmaßnahme ist, daß alle Teilnehmer schon sicher Skifahren können und auch auf ungewalzten Pisten, im Tiefschnee, zurechtkommen.
Der einzelne kann allerdins während der Tour seine bereits vorhanden Fähigkeiten des Tiefschneefahrens verbessern.

Das Touren gehen selber kann schon in ein bis zwei Tagen durchaus soweit gelernt werden, daß man in der Lage ist, einfachere Tagestouren auch privat zu unternehmen. Zumal man ja nicht alleine geht, sondern sich, wenn möglich, nach einem erfahreneren Partner umsehen kann.

Dem einzelnen eröffnet sich hiermit die Möglichkeit, einen schönen, ausgleichenden Wintersport zu erlernen.

F. **Besondere Eignung**

Es ist wohl schon deutlich geworden, daß die Skitour sich, im Gegensatz zum Skilaufen, wesentlich besser zur erlebnisorientierten Teamentwicklung eignet.
Die beiden Komponenten Persönlichkeitsentwicklung und Teamentwicklung werden bei der Skitour gleichermaßen berücksichtigt und sie bietet deshalb für beide eine Vielzahl von Lernchancen und Lernfeldern.

Gleitschirmfliegen/Drachenfliegen

A. **Anforderungen an den Trainer**

Für das Gleitschirm- und Drachenfliegen ist ein besonderer Flugschein erforderlich. Damit gekoppelt ist eine zweigeteilte Ausbildung, mit jeweils einer anschließenden Prüfung, die vom DHV (Deutscher Hängegleiterverband) abgenommen wird. Die Möglichkeit, daß ein Trainer im Besitz einer entsprechenden Ausbildungslizens ist, erscheint eher unwahrscheinlich. Deshalb muß das Fliegen als erlebnisorientierte Maßnahme in Verbindung mit einer Flugschule gestaltet werden.

B. **Unbekannte Situationen**

Die Luft ist für den Menschen normalerweise ein Element, in dem er sich nur selten bewegt. Und wenn, dann meist nur in Form eines Passagiers, der sich untätig in einem Flugzeuges befindet und die Verantwortung für den Flug und die Sicherheit an andere abgegeben hat.

Jeder, der sich mit Hilfe eines selbst gesteuertem Fluggerätes in die Luft begibt, muß sich zunächst an diese fremde Fortbewegungsart gewöhnen.
Der Mensch befindet sich in einer ihm völlig unbekannten Situation. Beim Fliegen ist jederzeit mit unvorhergesehenen Situationen zu rechnen.

Fliegt man zum Beispiel in einen Thermikschlauch, also einen warmen Aufwind, der an seinen Seiten kalte Fallwinde führt, so wird man schlagartig nach oben gerissen. Unvorbereitet kann dieser Fall ziemlich unangenehm sein, zumal ein Gleitschirm an der Grenze von Auf- und Fallwind einklappen oder sogar stallen (Abriß der Strömungskante) kann.

Damit Verbunden ist ein kurzzeitiges Zusammenfallen des Tragflächenprofils und eine rascher Höhenverlust. Je nach Schirmtyp und Flughöhe muß in einem solchen Moment richtig reagiert werden, um eine Gefährdung zu vermeiden.

Das Drachen- und Gleitschirmfliegen findet meist in den Bergen statt. Hiermit ergeben sich hauptsächlich für Gleitschirmflieger, die ihr Gerät in einem Rucksack auf dem Rücken tragen, zwei Möglichkeiten auf den Berg zu gelangen. Dies sind der Lift und das Besteigen des Berges zu Fuß.

Es besteht also die Möglichkeit der Kombination des Bergwanderns mit dem Gleitschirmfliegen. Eine sehr angenehme Art, den doch eher unangenehmen, die Gelenke belastenden Abstieg zu umgehen. Damit kämen zu denen des Fliegens noch die unbekannten Situationen und Herausforderungen hinzu, die das Bergwandern bietet.

C. Herausforderungen an die Selbstbeherrschung und Selbstüberwindung

Jeder kann sich vermutlich vorstellen, was es für den einzelnen für eine Selbstüberwindung bedeutet, das erste Mal zu starten, abzuheben und sich und sein Leben ein paar Quadratmeter Textielgewebe anzuvertrauen. Selbst nach langjähriger Flugerfahrung ist der Start für die meisten Piloten immer noch ein Akt der Selbstüberwindung.

Zu Beginn der Ausbildung hebt man zunächst zwar nur einige Meter vom Boden ab, dies steigert sich jedoch sehr schnell. Bereits am dritten Tag muß man in der sogenannten Lernscheinprüfung schon eine Distanz von mindestens 100 Höhenmetern überwinden. Unvergeßlich bleibt jedoch der Moment, wenn nach der Lernscheinprüfung der Start nicht mehr von einem flach abfallenden Übungshang, sondern von einer künstlichen Rampe aus geschieht, die im Nichts endet und tausend oder mehr Meter über dem Landeplatz liegt.

Sich hier seinem Gerät, **seinem erworbenen Wissen und seinen Fähigkeiten anzuvertrauen**, ist eine große Herausforderung an die Selbstüberwindung. Um so größer ist dann auch die Freude, der Stolz und damit verbunden das **Selbstwertgefühl** und das **Vertrauen in sich selbst**, wenn der Landeplatz nach dem schönen, aber aufregendem Flug erreicht wird.

D. **Soziales Lernen**

Auch das Fliegen ist eine Sportart, die nie alleine betrieben wird, da dies ein zu hoher Risikofaktor wäre. Man ist also auf andere angewiesen.

Die Vorstellung, daß man an einem Flugtag die meiste Zeit alleine in der Luft verbringt, ist in den häufigsten Fällen falsch. Hierzu müßte schon eine sehr gute Thermik vorherrschen und diese Thermiktage sind begrenzt.

In der Realität verbringt man die meiste Zeit des Tages mit den anderen, zumal dann, wenn der Berg selber bestiegen wird. Man hilft sich gegenseitig, den Drachen oder die Schirme auf- oder abzubauen und zu verpacken.
Am Startplatz übernehmen die anderen Piloten noch einmal den schon selber durchgeführten Sicherheitscheck und überprüfen, ob der Schirm richtig ausgelegt wurde, Leinen verknotet sind oder falsch verlaufen, das Gurtzeug und der Helm richtig angelegt und verschlossen ist und die Windrichtung und Windstärke einen sicheren Start zuläßt.

Gerät man dann doch in eine Gefahrensituation, so ist man in den meisten Fällen auf die Hilfe und die Bergung durch andere angewiesen.

Beispielsweise müssen einem die anderen bei einer Baumlandung helfen, sicher von den Wipfeln herunterzukommen und den Schirm aus dem Geäst zu bergen.

Dies sind Situationen, die immer wieder vorkommen. Jedem sollte bewußt sein, daß auch er in eine derartige Lage geraten kann, in der er alleine nichts mehr ausrichten kann. Es entsteht also fast zwangsläufig ein "Wirgefühl", ein gegenseitiges Vertrauen und eine Zusammenarbeit unter den Piloten.

Während des Fluges selber ist eine Kommunikation unter den Teilnehmern natürlich nicht möglich. Dies wird allerdings nach der Landung, schon allein aus dem überstandenen psychischen Druck heraus, sofort nachgeholt.

Nach dem Fliegen ist es üblich, den Flugtag und die gemachten Erlebnisse noch einmal, meist in einem Lokal oder Biergarten, durchzugehen. Es besteht also ein Thema für ein Kommunikationstraining, das alle beschäftigt.

E. **Praktisches Lernen.**

Da ein derartiges Training nur in Verbindung mit einer Flugschulung durchgeführt werden darf, gehen die Teilnehmer mit einem oder mit beiden Flugscheinen nach Hause.
War es nicht möglich, beide Scheine zu erwerben, so können die Teilnehmer sich ihre Flüge bestätigen lassen und die restlichen zu einem späteren Zeitpunkt nachholen. Damit hat man die Berechtigung zum freien Fliegen ohne Aufsicht erworben und kann diese in seiner Freizeit nutzen.

F. **Besondere Eignung**

Das Fliegen ist eine der extremsten Herausforderungen an den einzelnen.
Eine derartige Maßnahme ist nicht für jedermann geeignet.

Es wäre völlig falsch und gefährlich, wenn jemand an dieser erlebnisorientierten Maßnahme teilnehmen würde, weil er sich dazu genötigt fühlt. Diese Entscheidung muß immer bei dem einzelnen liegen.

Auch, gesetztenfalls, jemand hat schon zugesagt und gelangt später zu der Einsicht, daß das Fliegen für ihn doch zu gefährlich ist, so darf er keinesfalls zum Weiterfliegen gezwungen werden.
Handlungen die aus einer Panik heraus entstehen, können beim Start, in der Luft und bei der Landung verhängnisvoll enden.

Trotz relativ großer Sicherheitsvorkehrungen wie etwa das Rettungsgerät (ein Notfallschirm, den jeder Pilot bei sich tragen muß) kann ein gewisses Restrisiko nicht ausgeschlossen werden. "Nein" zu sagen und zuzugeben, daß man sich etwas nicht zutraut, erfordert mindestens ebensoviel Courage, wie das Fliegen selbst.
Bei einer positiven Auslegung durch den Trainer kann auch dieser Fall einen Lernerfolg im Bereich der Selbsterfahrung und der Persönlichkeitsentwicklung darstellen.

Für die Teamentwicklung bietet das Fliegen, auch wenn es auf den ersten Blick nicht danach ausschaut, ein breites Lernfeld.
Die **Zusammenarbeit**, das gegenseitige **Vertrauen**, die **gegenseitige Unterstützung und Hilfe** stehen hier stark im Vordergrund.
Ebenso kann hier auf der Kommunikationsebene hervorragend gearbeitet werden. In der Kombination mit dem Bergwandern ist das Fliegen also eine ausgezeichnete, wenn auch exotische und teure Form der erlebnisorientierten Teamentwicklung.
Vorausgesetzt, die Teilnehmer sind freiwillig bereit, den Schritt in die Luft zu wagen!

Einzelmaßnahmen

Es gibt eine ganze Anzahl von Einzelaktionen während einer erlebnisorientierten Maßnahme, die in das Programm mit einbezogen werden können.
Diese können Defizite ausgleichen (wenn z.B in einer Maßnahme der Schwerpunkt hauptsächlich auf der Persönlichkeitsentwicklung liegt) oder der Auflockerung des Programms dienen.

An dieser Stelle sollen nur noch ein paar Einzelmaßnahmen kurz vorgestellt werden.
Die Liste ließe sich noch beliebig erweitern, und auf die Fähigkeiten des Trainers, die Interessen der Teilnehmer und die vorhandene Ausrüstung zuschneiden.

1. **Der Flying Fox**

Dieses Gerät kann zur **Selbstüberwindung** und **Unterdrückung von Ängsten** eingesetzt werden. Es handelt sich hier um eine Einzelmaßnahme, die auf die Selbstüberwindung und das **Vertrauen auf andere** abzielt.

Der Flying Fox ist eine Drahtseil, das an Bäumen befestigt über eine Schlucht gespannt wird. Fließt darunter eine Fluß, so ist das ein zusätzlicher Sicherheitsfaktor und eine psychische Hilfestellung für den einzelnen. Aufgabe des Teilnehmers ist es, Mittels einer Laufrolle (eine zweite Notrolle sollte aus Sicherheitsgründen vorhanden sein) und eines Bergsteiger- oder Gleitschirmgurtzeugs die Schlucht zu überwinden. Dabei kann zusätzlich ein Gefälle an dem Laufseil angebracht werden.

Die anderen Teilnehmer sichern denjenigen, der gerade im Gurtzeug hängt noch zusätzlich mit Seilen, die am Gurtzeug befestigt sind von beiden Seiten der Schlucht. Dies ist ein zusätzlicher Sicherheitsfaktor und ermöglicht das Abbremsen bei vorhandenem Seilgefälle.

2. **Das Seil über dem Fluß**

Dem selben Zweck wie der Flying Fox dient auch ein über einen tiefen Fluß gespanntes Seil, an dem Überquerungen ohne andere Hilfsmittel vorgenommen werden.

In Gegensatz zum Flying Fox kommt hier noch neben der psychischen Belastungen die körperliche hinzu.

Die Seilhöhe darf bei dieser Methode nicht zu hoch gewählt werden, um eine Gefährdung auszuschließen. Die Teilnehmer sollten außerdem alle gute Schwimmer sein.

3. **Das Bauen einer Sweat**

Eine Sweat ist ein Schwitztippi, daß von den nordamerikanischen Indianern stammt.
Bei dieser Einzelaktion geht es mehr um den gemeinsamen Aspekt, des **Zusammenarbeiten**s und z**usammen ein Ziel zu verwirklichen**.

Es wird ein Tippi aus in der Gegend zu findenden, natürlichen Werkstoffen errichtet, das soweit wie möglich mit zwischen den Stangen eingeflochtenem Gras und Laub abgedichtet wird. Darüber können zur zusätzlichen Abdichtung noch Wolldecken gespannt werden.

Ist das Tippi fertiggestellt, so wird ein großes Feuer entfacht, in das größere Flußsteine gelegt werden. Diese Steine werden solange erhitzt bis sie glühen. Dies kann bis zu mehreren Stunden dauern.
Anschließend werden sie in eine extra dafür ausgehobene Erdmulde im Tippi gestapelt.

Die Teilnehmer hocken oder sitzten, je nach Größe des Tippis, dann im Kreis um die glühenden Steine. Der Eingang wird durch eine Decke verschlossen.

Die Sweat kann sowohl mit trockener Hitze als auch wie eine Sauna mittels Aufgüsse; mit feuchter Hitze betrieben werden.

Ein nahe dem Tippi gelegener Fluß oder See, der zur Abkühlung dient, ist dabei sinnvoll.

4. **Das Abseilen**

Bei dieser Einzelmaßnahme geht es sowohl um die **Selbstüberwindung** als auch um den **Vertrauensaufbau zu anderen**.

Hierbei wird mittels einer Bergsteigerausrüstung (Gurtzeug, Helm, Kletterschuhen und Seilen) eine Bergwand oder ein Klettergarten bestiegen. Es handelt sich hier um eine ungefährliche Art des Kletterns, da ein anderer immer auf dem Boden steht und von dort aus den Kletternden mit einem Seil, das über eine Rolle, die am Ende der Wand angebracht ist, sichert.

Trotzdem erfordert dieses Klettern eine einige Überwindung.
Dies gilt insbesondere für eine Situation, die es am Wandende zu meistern gilt. Nun muß der Kletternde die sicheren Griffe loslassen und sich nach hinten fallen lassen.

Ein andererTeilnehmer sichert vom Boden aus den Kletternden mittels des Seiles, das über eine Rolle, die am Ende der Wand angebracht ist. Der Kletternde hängt im Gurtzeug, an dem das Seil befestigt ist, stemmt sich mit den Füßen von der Wand ab und wird von den Sichernden langsam herunter gelassen.

KAPITEL 6:

Welches sind die kritischen Faktoren?

Hypothetische Chancen

An den Einsatz der Erlebnispädagogik in der betrieblichen Bildung können große Erwartungen gestellt werden. Bisher konnten die Erwartungen allerdings empirisch kaum belegt werden, da es schwierig ist, Verhaltensveränderungen zu messen. Verhaltensveränderungen werden sich nicht von heute auf morgen vollziehen und stabilisieren. Sie enstehen erst durch die Interaktion mit anderen im Laufe der Zeit.
Die Erlebnispädagogik bietet sich trotz dieser Unsicherheit als eine Methode zur Förderung und ebenso zum Erwerb von außerfachlichen Qualifikationen in der beruflichen Bildung an. Neben den pädagogischen Aspekten sind es gerade die betriebsinternen Möglichkeiten, die für den Einsatz der Erlebnispädagogik sprechen. Die Maßnahmen können mit Mitarbeitern bzw. Gruppen, die auch im Alltag zusammen arbeiten, durchgeführt werden. In diesen Gruppen, die auch den Arbeitsalltag zusammen verbringen, können Lernziele wie Teamfähigkeit oder Kooperation während der Maßnahme eingeübt werden, mit dem Ziel sie in den Betriebsalltag gemeinsam einzubringen. (Siehe Kapitel 3 Transfer.)
Die in den Betrieben prinzipiell gegebene Möglichkeit der Nacharbeit bzw. der Nachbetreuung bietet eine weitere Grundlage. Nach der Durchführung der Maßnahme löst sich die Gruppe nicht sofort wieder auf, sondern ist im Betrieb weiterhin zusammen. Hier besteht die Chance, gemeisam mit den Teilnehmern, das während der Tour Erlebte aufzuarbeiten und die gemachten Erfahrungen auf die entsprechenden Situationen in den Arbeitsprozeß zu übertragen.

Sicherlich sind dies nur einige Gründe, die für die Erlebnispädagogik innerhalb der beruflichen Bildung sprechen.

So wird es für die Zukunft wichtig sein, verschiedene Komponenten zu berücksichtigen, will man die Erlebnispädagogik als sozialpädagogischen, erwachsenenbildenerischen Ansatz, weg vom Image einer "dann-machen-wir-halt-mal" Aktivität führen.

Zum einen muß ein Konzept zugrundegelegt werden, das die berufsrelevanten Lernmöglichkeiten transparent macht. Damit wird es den Entscheidungsträgern im Betrieb erleichtert, die Chancen der Erlebnispädagogik für den Berufsalltag zu erkennen.

Zusätzlich kann durch wissenschaftliche Begleitung und Nacharbeit erlebnispädagogischer Maßnahmen deren Tragfähigkeit überprüft werden, was auch zur Etablierung der Erlebnispädagogik beiträgt.
Zum anderen müßte von Seiten der Unternehmer die Berührungsangst mit dieser anderen Art der Weiterbildung überwunden werden.

Kalkuliertes Risiko

Bei allen Touren der erlebnispädagogischen Maßnahme wird versucht, das Gefahrenmoment für den Teilnehmer möglichst auszuschalten. Durch optimales Material, d.h. auch durch eine kontinuierliche Überprüfung der einzelnen Sportgeräte sowie der zugehörigen Hilfs- und Rettungsmittel auf Mängel und Schäden vor, während und nach einer Maßnahme wird versucht, hinsichtlich der Sicherheit auf technischem Gebiet jeglicher Gefährdung des Teilnehmers entgegenzuwirken. Dies bedeutet, genauso jederzeit den geforderten aktuellen Sicherheitsansprüchen Rechnung zu tragen.

Aber auch der Trainer muß das Medium, eben sein Sportgerät, beherrschen. Er muß in allen Lagen einspringen können um das Schlimmste, nämlich das unkalkulierte Risiko zu vermeiden.

Wichtig ist auch, daß der Trainer für die Situationen in der Gruppe sensibel bleibt. Es gilt zwar für alle die Regel d.h. auch für die Teilnehmer selbst, bei diesen Maßnahmen stehts auf das schwächsten Glied der Gruppe zu achten und die Situationen und dadurch die Herausforderungen danach auszurichten. Doch kann es immer vorkommen, daß einer der Teilnehmer durch den Gruppenzwang, den er verspürt, (wer will schon der Schwächste sein) sich auf Situationen einläßt denen er einfach nicht gewachsen ist. Hier ist der Trainer besonders verpflichtet, darauf zu achten, daß einzelne nicht überfordert werden.

Auch die Teilnehmer eines Kurses werden in der Vorbereitung auf spezifischen Gefahren hingewiesen. Zu Beginn einer jeden Fahrt werden sie eingehend mit dem Sportgerät vertraut gemacht und in die Tourenplanung mit einbezogen. Auch die Handhabung der Hilfs- und Rettungsmittel wird vor und während der Fahrt geübt.

Trotz aller Vorsichtsmaßnahmen ist ein "kalkuliertes" Risiko immer noch ein Risiko.
Man darf hier nicht verschweigen, daß immer wieder Unfälle passieren. Gerade der Wildwasserbereich ist besonders gefährlich. Der Fluß ist nun mal überaschend und herausfordernd, auch wenn er für einige den Anschein vermittelt, daß es sich nur um ein gemächlich dahinfließendes Gewässer handelt. Viele dieser Unfälle gehen glimpflich aus, aber leider nicht alle. Es gibt auch Unfälle, die tödlich enden. Man darf die körperlichen Gefahren, die eine erlebnispädagogische Maßnahme in sich birgt nicht ignorieren.

Anforderungen an den Trainer

Erlebnispädagogik ist ein Verfahren, in dem die Teilnehmer durch das Erlebnis und die Interaktion mit anderen eine Wahrnehmungserweiterung erfahren können. Sie darf nicht als Aktivurlaub angesehen werden.
Es bedarf hierzu einer sorgfältigen Vorbereitung. Ebenso ist es notwendig, behutsam bei der Durchführung im Sinne der Selbst- und Fremdwahrnehmung zu sein, da dies sonst bei dem Teilnehmer eine Verunsicherung und ein sich zurückziehen in sich selbst hervorrufen kann.

Wird dem Teilnehmer nicht der entsprechende Raum für die Wirkungen des Erlebten gegeben, und besteht darüber hinaus keine Möglichkeit zur Reflexion seiner selbst mit der Umwelt, so wird diese Maßnahme nur Freizeitcharakter haben. Die gewünschten Erfolge bleiben aus, das investierte Geld wäre dann besser an einer anderen Stelle angelegt worden.

Gefährlich kann es werden, wenn der Trainer einer erlebnispädagogischen Maßnahme sich zu sehr mit seinem Medium identifiziert, ohne sich selbst dabei zu reflektieren. Wenn der Umgang mit dem Sportgerät nur zur Selbstdarstellung dient.
Dabei wird dann der einzelne Teilnehmer mit seinen individuellen Lernchancen untergehen, da sein Augenmerk nur auf die Führungsperson gerichtet ist.
Er wird ein Konkurrenzverhalten durch sein ständiges Vergleichen mit den anderen in der Gruppe aufbauen.
Solidarverhalten und Kooperation werden durch den negativen Gruppendruck zur Nebensache.

Der oder die Trainer müssen daher in der Lage sein, ihr eigenes Verhalten und das der Gruppe noch während der Maßnahme zu reflektieren. Außerdem sollten sie sich möglichst nur in der Rolle des Beobachters einbringen und agieren.
Somit bleibt das Handeln der Gruppe überlassen.[146]

Hinführung und Durchführung bedürfen eines hohen Maßes an Empathie, sowie pädagogischer Verantwortung und darüber hinaus sehr guter Kenntnisse über das Medium, das als Transmitter eingesetzt wird. Es ist also nicht jedermann für die Durchführung einer erlebnispädagogischen Maßnahme geeignet.

Es ist also überaus wichtig:
qualifizierte und kompetente Mitarbeiter einzusetzen. Diese müssen sowohl über eine pädagogische Eignung verfügen als auch natursportliche Qualifikationen und Erfahrungen haben.

Harder beschreibt die Anforderungen an den Trainer sehr deutlich. Er führt dazu aus:

"Die Unmittelbarkeit und Direktheit einer erlebnispädagogischen Aktion lassen häufig die pädagogische und psychologische Komponente in den Hintergrund rücken. Die Trainer der Erlebnispädagogik sind gefordert, sensibel Gruppenprozesse zu erkennen, bei Bedarf zu intervenieren und Krisen produktiv aufzuarbeiten. Kenntnisse über interaktive Prozesse werden dabei ebenso abgerufen wie kommunikative Kompetenz, Motivations- und Animationstechniken sind hilfreich. Das Wissen um ökologische Lernformen ist Voraussetzung für eine adäquate Auseinandersetzung mit dem Handlungsfeld Natur- bzw. Kulturlandschaft."

und

"Gute technische Fertigkeiten im jeweiligen Medium sind wesentliche Voraussetzungen für das Gelingen der Aktion. Die Trainer sollten die Natursportart beherrschen, in der sie sich mit der Gruppe bewegen. Kenntnisse über die entsprechende Methodik und Didaktik entlasten die pädagogisch Handelnden und geben den Blick frei für Gruppenprozesse. In den sogenannten Risikosportarten ist eine gründliche Ausbildung, möglichst auch mit formalem Abschluß, Voraussetzung für einen hohen Sicherheitsstandard. Schließlich tragen Managementfähigkeit und juristische Kenntnisse auf der einen Seite, das Wissen um ökologische Zusammenhänge auf der anderen Seite zur Verhaltenssouveränität bei."[147]

Das folgende Schaubild soll dies visuell verdeutlichen:

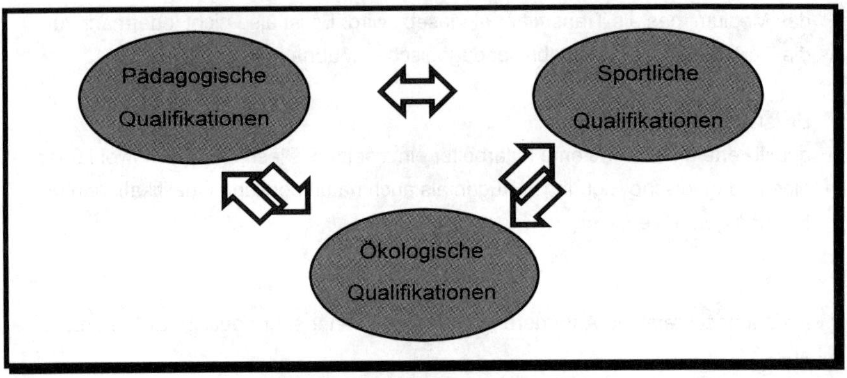

Abb.21: Anforderungsprofil an Erlebnispädagogen/innen[148]

Der Beruf des Trainers ist nicht geschützt. Deshalb gibt es auf dem freiem Markt viele die den Anforderungen nicht entsprechen. Deshalb ist bei der Auswahl eines Trainers zu einer Maßnahme auf seine Eignung zu achten.

Ein ungeeigneter Trainer kann also nicht nur den Erfolg der Maßnahme gefährden, sondern auch die Gesundheit und das Leben des Teilnehmers.

Nicht jede Arbeitssituation ist für Teamarbeit geeignet

Bevor man sich in einem Unternehmen für die Bildung eines Teams entscheidet, gilt es die Vor- und Nachteile, die mit der Teamarbeit verbunden sind, sorgfältig abzuwägen. Die vielfach herrschende Auffassung, daß Teamarbeit nur Vorteile zu bieten habe und grundsätzlich als die beste Organisationsform zu betrachten sei, wenn es sich um die Lösung eines schwierigen Problems handelt, beruht auf einem Irrtum.
Die Nachteile der Teamarbeit, die hierbei nicht übersehen werden dürfen, sind:

Teamarbeit kann erheblich zeitaufwendiger sein als Einzelarbeit.
Die Anlaufzeit, in der sich die Teammitglieder aufeinander einstellen und eventuelle sachliche Mißverständnisse beseitigen müssen, ist oft beträchtlich.

Teams sind in ihrer Arbeit oft schwerfälliger. Insbesondere dann, wenn der Kreis der Teammitglieder sehr groß ist und die Teamarbeit nebenamtlich geleistet wird. Schon die Schwierigkeit, mit den Betreffenden einen bestimmten Termin zu vereinbaren, wirkt sich oft hemmend aus.

Das Team kann zu einer Verzögerung der Entscheidungsfindung führen. Unterschiedliche Auffassungen der Teilnehmer lassen sich oft erst nach langwierigen Diskussionen koordinieren. Geschickte Taktiker können sich diese Tatsache zunutze machen, um eine für sie unliebsame Grundsatzentscheidung oder die Weiterentwicklung unbequemer Vorhaben möglichst lange zu verhindern. Ironisch spricht man deshalb im Betriebsjargon von einem "Begräbnis erster Klasse", wenn eine heikle Angelegenheit einem Team zur weiteren Bearbeitung überwiesen wird.

Abschließend läßt sich festetellen:
Wenn das Team als Organisationsform eine Sinn haben soll, dann muß sein Einsatz auf die Fälle beschränkt bleiben, in denen es durch seine besondere Struktur Leistungen erbringen kann, die auf andere Weise nicht zu erreichen wären.

Der Einsatz von Teams ist also immer von der Aufgabe und der Arbeitssituation abhängig. Zur Erledigung von Routinearbeit und zur Vorbereitung von Entscheidungen die Dienstweg abhängig sind und zum normalen Arbeitsablauf einer Behörde bzw. eines Unternehmens gehören, ist das Team hingegen ungeeignet.

Bedarfsorientierte Weiterbildung

Die betriebliche Weiterbildung muß sich am Bedarf orientieren. Privat und auf eigene Kosten kann sich jeder in dem Bereich weiterbilden, der ihn interessiert oder ihm für seine Zukunftsplanung wichtig ist. Betriebliche Qualifizierung dagegen muß aus Kosten- und Zeitgründen vom Bedarf des Unternehmens bestimmt werden. Der nachfolgende Schritteplan soll als Orientierung dienen:

1. Prüfung der Ziel- und Bedarfsorientierung der Maßnahme
Frage:
Unterstützt die Maßnahme unsere Zielsetzung und wenn ja, wie?

↓

2. Schätzung der Kosten, des Zeitaufwandes und des Nutzens
Frage:
Wie lange wird diese Maßnahme dauern und welche direkten und indirekten Kosten werden welchem Nutzen gegenüberstehen?

↓

3. Beurteilung der Maßnahme nach der Durchführung durch die Teilnehmer
Frage:
Wie ist die Maßnahme zu beurteilen und wie sind die Ergebnisse in der täglichen Arbeit zu nutzen?

↓

4. Beurteilung des Nutzens der Maßnahme nach einem Jahr durch den Vorgesetzten, und den Organisationsentwickler
Frage:
Was hat die Maßnahme bei den Mitarbeitern bewirkt? Wie hat sie zur Zielerreichung/Leistungssteigerung beigetragen?

↓

5. Durchführung von qualitativen wie quantitativen Soll-Ist-Vergleichen und Erarbeitung einer neuen Planung
Frage:
Welche Maßnahmen wurden positiv beurteilt und brachten einen erkennbaren Erfolg in Relation zu welchem Aufwand/welchen Kosten?
Was ist das nächste Jahr zu planen?

Abb.22: PE- Controlling- Schritte[149]

Bedarfsorientiert muß sie auch deshalb sein, weil das Unternehmen Qualifikationen nur in dem Umfang und in der Art abrufen kann, wie sie betrieblich benötigt werden

Das Unternehmen sollte alles tun, um den Qualifikationsbedarf vorausschauend abzuschätzen. Nur wer dazu verläßliche Angaben besitzt, kann betriebliche Weiterbildung zielgerichtet planen und wirtschaftlich betreiben.

Qualifikationen, die wegen fehlenden Bedarfs nicht abgerufen werden, veralten und werden vergessen. Erworbene Qualifikation nicht einsetzen zu können ist demotivierend.[150]
Auch hierbei darf der finanzielle Aufwand nicht übersehen werden. Die Ausgaben für die Schulung verdoppeln sich.

Der ständige Prozeß der Qualifizierung sollte nicht aufhören. Auch ältere Mitarbeiter sind lernfähig und sollten deshalb in der Weiterbildung berücksichtigt und entsprechend ihren Fähigkeiten eingesetzt werden.

Zu besonderen, für das Unternehmen wichtigen Leistungsmerkmalen der Älteren gehören ihre menschlichen und fachlichen Erfahrungen und ihr Wissen um berufliche Zusammenhänge. Hier darf dem Sprichwort "was Hänschen nicht lernt, lernt Hans nimmer mehr" nicht Rechnung getragen werden, sondern das Prinzip des lebenslangen Lernens muß hier seinen Eingang finden.

Allerdings gibt es auch ältere Mitarbeiter, die sich nicht mehr "verändern" wollen. Es wäre unsinnig und teuer solch einen Mitarbeiter ohne sein Einverständnis auf Maßnahmen die der Verhaltenänderung dienen zu schicken, da er sich nicht auf diese Maßnahmen einlassen würde.

Weiterbildung allein kann nicht verändern

Bei allem Optimismus darf allerdings nicht verkannt werden, daß die Lernmöglichkeiten, die die Erlebnispädagogik bietet, nur dann in ihrem vollen Umfang realisiert werden können, wenn die betrieblichen Strukturen dieses zulassen.
Erst dann kann das Gelernte und Erfahrene eingesetzt und angewandt werden. Hier sind die Unternehmen gefordert, Strukturen zu schaffen, die die Realisation der erlebnispädagogischen Lernerfahrungen ermöglichen.

Die Erfahrungen, die bisher im Bereich der Ausbildung mit der Erlebnispädagogik gemacht wurden haben gezeigt, daß dieser Ansatz bereichernd für die Weiterbildungsarbeit ist. Es muß in diesem Sinne im Interesse der Unternehmen sein, das kreative und innovative Potential aller seiner Mitarbeiter zu erschließen, um somit sicherzustellen, daß auch in Zukunft die Wettbewerbsfähigkeit und Konkurrenzfähigkeit auf den nationalen und verstärkt auf den internationalen Märkten erhalten bleibt.

Die Weiterbildungsmaßnahmen können allein niemals festgefahrene Verhaltensgewohnheiten im Betrieb verändern. Für die Durchsetzung der Verhaltensänderung bleibt die zähe, fordernde, pädagogische Bemühung der Vorgesetzten aller Ebenen maßgebend.

Die notwendigen Bildungsmaßnahmen können dieses Bemühen nur untermauern und begleitend unterstützen, es aber nicht ersetzen. Jeder Vorgesetzte muß sich bemühen, in Mitarbeiterbesprechungen die notwendigen Erkenntnisse und Zusammenhänge im Einzelnen und im Ganzen zu erarbeiten, zu vertiefen und das entsprechende Verhalten immer wieder unter gegenseitiger Korrektur zu üben.

Alle Fehler sind zu nutzen, um daraus zu lernen. Es ist wichtig, daß alle Umstellungsmaßnahmen von vornherein unter Beteiligung der Betroffenen geplant und durchgeführt werden. Wenn sie die Änderungen nicht verstanden haben oder ablehnen, können sie nicht funktionieren.

Es gibt Mitarbeiter, die von ihrer Persönlichkeit her nicht imstande sind, die geforderte Verhaltensänderung zu vollziehen. Finden sich für diese keine Positionen, bei denen es auch ohne Verhaltensveränderungen geht, dann muß sich der Betrieb notfallls von ihnen trennen.

Andererseits gibt es oft viele, die sich nur widerwillig den bisher herrschenden und meist wenig humanen, autoritären Umgangsformen angepaßt haben in der Vorstellung, daß es vielleicht nicht anders zugehen könne. Für sie kann die Umstellung wie eine Erlösung wirken.

Die Umstellung bedeutet und erfordert ebenso in der organisatorischen Struktur wie im Verhalten der Mitarbeiter eine grundlegende Abkehr von bestehenden Gewohnheiten. Ein Umstellungsprozeß, der die ganze Organisation betrifft, kann Jahre dauern und ist oft von schmerzhaften Krisenerscheinungen begleitet.

Die Trennung von Gewohntem fällt vielen schwer. Manche Positionen enstehen neu, andere verschwinden ganz. An die Mitarbeiter werden neuartige Anforderungen gestellt. Es kann Entäuschungen und Verbitterungen geben. Anfangsschwierigkeiten lassen auch bei Gutwilligen Zweifel aufkommen. Liebgewordene Verhaltensweisen gelten nicht mehr. Mit Unverständnis und Widerständen muß gerechnet werden. Um solche Krisen durchstehen zu können, ist es wichtig, daß die Unternehmensspitze die Umstellung voll bejaht, überzeugend vertritt und mit Energie betreibt. Eine wohlwollende Duldung in abwartender Haltung genügt nicht.

Der Erfolg der Umstellung hängt von der Konsequenz ab, mit der die Unternehmensspitze zunächst ihre eigene Umgestaltung und Umgewöhnung vollzieht und danach stufenweise die Umstellung der nachgeordneten Ebenen betreibt und unterstützt.
Dann ist der Erfolg für das Arbeitsklima, die Leistungfähigkeit und Zufriedenheit der Mitarbeiter und für die Wirtschaftlichkeit des Unternehmens überzeugend. Gemessen an diesem Erfolg ist die Mühe der Umstellung gering.[151]

Personal-Controlling

Mit den erlebnispädagogischen Maßnahmen können nicht nur Verhaltensstrategien vermittelt werden, sie lassen sich auch als Kontrollinstanz einsetzen.

Damit wird die Maßnahme und somit die Erlebnispädagogik in ihrer ursprünglichen Form, mit den Grundgedanken nach Hahn, vollkommen zweckentfremdet. Sie soll nicht mehr helfen Kompetenzen zu erwerben, sondern den einzelnen auf das Vorhandensein von Qualifikationen überprüfen.

Mit solch einer Intention wird die Erlebnispädagogik zu einem Instrument für den Arbeitgeber, welches ihm ermöglicht seine Mitarbeiter hinsichtlich bestimmter Qualifikationen hin zu überprüfen, gegenenfalls zu entlassen und durch andere zu ersetzen.

Ebenso kann die Erlebnispädagogik zur Überprüfung bestimmter Qualifikationen bei Neueinstellungen mißbraucht werden. Es findet in beiden Fällen eine Selektion der Menschen hinsichtlich ihrer sozialen Kompetenzen statt.

Dadurch sinken für die Bewerber, bei denen diese erwünschten sozialen Fähigkeiten nicht ausreichend genug ausgeprägt sind, die Chance in diesem Unternehmen die ausgeschriebene Stelle zu erhalten.

Die Chance der Weiterbeschäftigung an dem Arbeitsplatz, für den ein bestimmtes Anforderungsprofil entworfen wurde, wäre für den einzelnen der diesem Profil nicht entspricht, gering.

Gerade ältere und auch unflexiblere Arbeitnehmer, die bisher mit ihren bewährten Strategien durch das Leben gekommen sind, werden von einem solchen Einsatz der Erlebnispädagogik hart getroffen, womöglich in das "gesellschaftliche Aus" gestellt. Aufgeschlossene junge Menschen, die noch im Aufbau ihrer Persönlichkeit sind und somit keine verhärteten Strategien haben, weil sie noch flexibel sind, wären bei solchen Überprüfungen der außer-fachlichen Qualifikationen mit diesen Maßnahmen im Vorteil.

Zusammenfassung

☺ Hypothetische Chancen.

- Die Erwartungen an Verhaltensänderungen können kaum belegt werden, da es schwierig ist diese zu messen.
- Verhaltensveränderung ist ein Prozeß der Zeit beansprucht.

Trotz der Unsicherheit bietet sich die Erlebnispädaogik zur Förderung von außerfachlichen Qualifikationen an.

- Die Maßnahmen können mit Gruppen/Teams die im Arbeitsalltag zusammen sind durchgeführt werden, dadurch können Lernziele wie Teamfähigkeit oder Kooperation geübt werden.
- Bei der Nachbereitung durch Seminare besteht die Chance, das während der Tour Erlebte gemeinsam aufzuarbeiten und auf die Situationen im Betrieb zu übertragen.

Es muß ein Konzept entwickelt werden, das die berufsrelevanten Lernmöglichkeiten transparent macht.

- Das den Entscheidungsträgern in einem Betrieb erleichtert, die Lernmöglichkeiten der Erlebnispädagogik zu erkennen und damit die Berührungsangst mit dieser Art der Weiterbildung zu verlieren.

☺ Kalkuliertes Risiko?

Trotz aller Vorsichtsmaßnahmen bleibt bei einem kalkuliertes Risiko ein Restrisiko, wenn auch in verminderter Form.

☺ Anforderung an den Trainer

Es ist wichtig für die Durchführung einer Maßnahme qualifizierte und kompetente Trainer einzusetzen. Er sollte über drei Qualifikationen verfügen.

- Pädagogische Qualifikationen,
- sportliche Qualifikationen und
- ökologische Qualifikationen.

😐 Nicht jede Arbeit ist für Teams geeignet

Bevor man sich zur Teamarbeit entscheidet sollte man die Nachteile dieser Form der Zusammenarbeit kennen. Diese sind:

- Teamarbeit kann zeitaufwendiger sein.
- Teams können durch ihre Struktur schwerfällig sein.
- Das Team kann durch interne Schwierigkeiten Entscheidungsfindungen verzögern.

😐 Weiterbildung am Bedarf orientiert

Die betriebliche Weiterbildung muß genau, aus Kosten- und Zeitgründen, am Bedarf orientieren werden.

- Qualifikationen die wegen fehlenden Bedarfs nicht angewendet werden, veralten und werden vergessen.

Auch ältere Mitarbeiter sind lernfähig. Sie besitzen für das Unternehmen wichtige Leistungsmerkmale.

- Die menschlichen und fachlichen Erfahrungen.
- Das Wissen um berufliche Zusammenhänge.

Es gibt aber auch Mitarbeiter die sich nicht verändern wollen.

☺ Weiterbildung allein kann nicht verändern
Die Lernmöglichkeiten der Erlebnispädagogik können nur dann in ihrem Umfang realisiert werden, wenn die Strukturen des Betriebs dies zulassen.

☹ Personal-Controlling
Die Erlebnispädagogik läßt sich auch als Kontrollmittel für soziale Kompetenzen einsetzen.
- Sie wird damit in ihrer Intention zweckentfremdet.
- Sie wird ein Instrument das dem Arbeitgeber ermöglicht, die Mitarbeiter oder Bewerber zu durchleuchten.

RESÜMEE

Erlebnispädagogik ist eine ganzheitlich orientierte Lernform, die in und mit der Natur als Medium ihre Lernziele ansteuert und verwirklicht. Für den Teilnehmer bedeutet dies eine innovative, sehr aktive, erlebnisorientierte und etwas exotische Form des Lernens.
Er bewegt sich in realen, fordernden Situationen, also nicht in Schonräumen mit vermindertem Risiko. Er sieht sich dabei gezwungen aktiv zu werden. Das bedeutet, er muß für sich selbst und für andere Verantwortung übernehmen, aktiv agieren und dabei lernen, aus unbekannten Situationen heraus angemessen zu handeln.
Die Konsequenzen dieses Handelns werden in ihrer ganzen Tragweite unmittelbar und hautnah erfahren.

Da diese Maßnahmen sich in der freien Natur abspielen, sieht sich der Teilnehmer aus seinen alten, gewohnten Strukturen herausgelöst. Berufs- und Alltagszwänge werden aufgehoben, Diktate, wie die des Terminplaners, werden außer Kraft gesetzt. Handlungsmuster und Problemlösungsstrategien aus der Routine des Alltags sind hier meist nicht situationsgerecht und anwendbar. N e u e W e g e müssen beschritten werden.

Im Gegensatz zu klassischen rezeptiven Lernformen findet der Lernprozeß hier auf einer ganzheitlichen Ebene statt. Der Teilnehmer wird sowohl kognitiv, emotional, als auch aktional in den Lernprozeß eingebunden. Dadurch werden alle Ebenen auf denen Lernen stattfinden kann angesprochen. Da erlebnisorientierte Aktionen in Gruppen stattfinden ist dadurch ein ideales, natürliches Lernfeld gegeben um die Lernziele "Kooperation und Teamfähigkeit" zu schulen.
Die Lernbedingungen sind derart arrangiert, daß sie für den Teilnehmer zwingend und existentiell bedeutsam sind. Somit kann meist ein Ausweichen vor, oder eine Sperrung gegen die angestrebten Lernziele umgangen werden. Der latente Gruppendruck wirkt hier noch verstärkend.

Da die Aufgaben immer vielschichtige Handlungsdimensionen aufweisen, werden im Zuge ihrer Bewältigung auch immer mehr Kompetenzpotentiale aus verschiedenen Persönlichkeitsschichten und -bereichen aktiviert. Diese ganzheitliche Beteiligung kognitiver, emotionaler und körperlicher Bezüge garantiert eine verhaltenswirksame Verankerung im Teilnehmer, sowohl auf rationaler wie auch auf emotionaler Ebene.
Da dieser Prozeß in jedem einzelnen Teilnehmer stattfindet und diese gleichzeitig miteinander in einem ständigen Austausch stehen, findet ein gegenseitiges Aufschaukeln statt. Dadurch werden Verkrustungen und Denkblockaden aufgebrochen und neue innovative Handlungsspektren geschaffen. Aufgrund von Grenzerfahrungen, die der einzelne erlebt, ist er gezwungen neue Lösungs- und Handlungsstrategien zu entwickeln und die alten auf Brauchbarkeit hin zu überprüfen. Das fördert zum einen die Fähigkeit, schnell, situationsangemessen und folgerichtig zu reagieren, zum anderen wird damit das bisherige Handlungspotiential erweitert.
Ständige, fachlich angeleitete Reflexion dient der Verinnerlichung der neuen, erweiterten Kompetenzen. Ein realistisch eingeschätztes, aufgewertetes Selbstbild ist die Folge.

Die Lernziele, die hierbei angestrebt werden sind individuell und kollektiv anwendbare Kompetenzen und Schlüsselqualifikationen. Zu den individuellen Fähigkeiten zählen:

-Selbstvertrauen,	-Eigeninitiative,
-Toleranz,	-Leistungsbereitschaft,
-Selbstverantwortung,	-Selbstmotivation,
-Frustrationsbewältigung,	-Streßbewältigung,
-Ökologisches Bewußtsein,	-Kreativität und Phantasie
-das Erkennen der eigenen Grenzen,	-Grenzerweiterung und
-die pyhsische und psychische Grenzerweiterung	-Kommunikationsfähigkeit

gezählt werden.

Viele dieser aufgezählten Kompetenzen sind Grundlagen für das zweite Lernziel dem erfolgreichen Miteinander. Entsprechende Schlüsselqualifikationen hierzu sind:
-Kooperationsbereitschaft,
-Kooperationsfähigkeit
-Teamfähigkeit

Vor der praktischen Durchführung eines erlebnisorientierten Trainings, muß sich der Trainer, gemeinsam mit den Auftraggebern und den Beteiligten darüber einig werden, welche Schlüsselqualifikationen in der Organisation erforderlich sind. Eine gründliche Analyse der Organisationstruktur, der Kooperationsbedingungen und der Aufgabenstellung innerhalb der Organisation ist dabei unumgänglich. Worauf der Trainer das auf diese Organisation und deren Aufgabenstellung zugeschnittene Trainingsprogramm festlegt.
Dadurch werden die Lernziele festgelegt.

Vor, während und nach der eigentlichen Maßnahme sollte sich der Trainer als Lernberater und Förderer der Entwicklungschancen, die in den Teilnehmern stecken, verstehen. Seine Aufgabe besteht darin die Teilnehmer anzuregen, dazu gibt er Denk- und Handlungshilfen indem er Vorgänge, Situationen und Verhaltensweisen problematisiert, Begründungszusammenhänge erfragt und Kommunikationstechniken anbietet. Ebenso ist es seine Aufgabe latent vorhandene oder offene Konflikte aufzugreifen, zu thematisieren und Konfliktlösungsstrategien anzubieten. Je mehr Zuwachs an Handlungsfähigkeit bei den Teilnehmern spürbar wird desto mehr tritt der Trainer in den Hintergrund. Der Wissensvorsprung und das Situationsgespür des Trainers gibt der Gruppe einen Rahmen und sichert diese nach innen und nach außen. Der Trainer unterstützt mit seinen Beobachtungen die Reflexion und gibt Feedback sowie Hilfestellung in schwierigen Situationen durch differenzierte Ermutigung. Er sorgt für die Balance zwischen Individuum, Gruppe, Aufgabe und Natur.

Überaus wichtig ist eine ständige Begleitung und Reflexion während des Trainingsprozesses. Die Reflexion der gemachten Erfahrungen dienen der Verinnerlichung und somit auch dem Transfer in das Alltagsleben und den Beruf. In den Reflexionzirkeln werden daher gezielt handlungsrelevante Faktoren aus den erlebten Situationen herausgegriffen und mit denen ähnlicher Aufgaben im alltäglichen Leben verglichen.
Ohne eine professionell angeleitete Vorbereitung, Reflexion und Nachbetreung wäre das Ergebnis einer erlebnisorientierten Tour nur eine Kette von interessanten Erlebnissen ohne eine übergreifende, geplante Struktur. Diese Art von "Adventure-Hopping" wird von vielen Reiseveranstaltern angeboten, sie hat allerdings nichts mit einem Training im Bereich der Fort- und Weiterbildung gemein.

Nach Abschluß der Maßnahme ist eine Untermauerung des erworbenen Wissens durch eine Nachbearbeitung in der Organisation durchaus sinnvoll.
Hier kann eine nochmalige Reflexion vor Ort den Transfer unterstützen und sichern.
Ebenso gehört zur Nachbearbeitung eine Visitation der Organisation. Diese dient der Erfolgskontrolle und ist somit sowohl im Interesse der Organisation, als auch des Trainers, der aus diesen Erfahrungen heraus sein Trainingsprogramm modifizieren kann.

Zielgruppen für erlebnisorientierte Aktivitäten sind im sozialen Bereich Jugendliche, Straffällige, Drogenabhängige, Schwererziehbare und Verhaltensaufällige, Selbsthilfegruppen sowie die Personengruppen die in diesem Bereich arbeiten.
Im kommerziellen Bereich sind dies Auszubildende, Ausbilder, Multiplikatoren, Mitarbeiter, Arbeitsgruppen und Führungskräfte.

ANMERKUNGEN

[1]vgl. Jagenlauf, M.: Erlebnispädagogik - eine Methode für Professionelle. In: Erlebnispädagogik: Mode, Methode oder mehr? München 1992, S.33

[2]vgl. Schöttler, B.: Methode oder mehr? In: Erlebnispädagogik: Mode, Methode oder mehr? München 1992, S.25

[3]vgl. Bedacht, A., u.a.: Erlebnispädagogik: Mode, Methode oder mehr? München 1992.

[4]vgl. Kaiser, A.: Wie arbeiten lebensweltorientierte Ansätze? In: Grundlagen der Weiterbildung. 1990 S.13

[5]Schütz, A. Luckmann, T.: Strukturen der Lebenswelt Bd. 1 Frankfurt 1979, S.28f.

[6]Schmitz, E.: Erwachsenenbildung als lebensweltbezogener Erkenntisprozeß. In: Erwachsenenbildung (Enzyklopädie Erziehungsswissenschaften Bd.11). Stuttgart 1984, S.101f.

[7]Schmitz, E.: ebd., 1984, S.101f.

[8]vgl. Röhrs, H.: Schulen der Reformpädagogen. Düsseldorf 1986, S.373f.

[9]vgl. Hamm - Brücher H.: Erziehung zur Verantwortung in der Demokratie. In: Kurt Hahn, Erinnerungen - Gedanken - Aufforderungen. Lüneburg 1987, S.41

[10]vgl. Schwarz. K.: Die Kurzschulen Kurt Hahns. Ihre pädagogische Theorie und Praxis. Reihe Heidelberger Studien zur Erziehungswissenschaft. Ratingen 1968, S.44

[11] vgl. Bauer H. G.: Erlebnis und Abenteuerpädagogik. Eine Literaturstudie. Großhesselohe 1984, S.23

[12] Bauer H. G.: Erlebnispädagogik im Atomzeitalter. Oder: Von Versuchen den Bildungsbegriff zu erweitern. In: Erlebnispädagogik in der sozialen Arbeit. Schriftenreihe " Schriften - Studien- Dokumente zur Erlebnispädagogik " Band 6. Lüneburg 1989, S.18

[13]vgl. Outward Bound: Outward Bound - Persönlichkeitsbildung durch Erlebnispädagogik - Berichte und Materialien 5/88. München 1988, S.5

[14]vgl. Outward Bound: ebd., 1988 S.5

[15]vgl. Outward Bound: ebd., 1988 S.5

[16]Bauer H. G.: a.a.O. 1984, S.23

[17]Weinholz, M.: Freiluftleben. Eine erlebnispädagogische Lebensphilosophie und ihre Chance bei der Entwicklung junger Menschen. Lüneburg 1989, S.16f.

[18]Kreckel, F.: Miteinander etwas tun - sozialpsychologische Hinweise zur Erlebnispädagogik. In: Jugendschutz heute. Fachzeitschrift für Jugendschutz 2/90, S.24

[19]vgl. Beetz, M. & Steinecke-Fittkau, V.: Arbeitsbedingte Erkrankungen von Frauen in der Metallwirtschaft. In: Schriftenreihe Arbeitssicherheit Industriegewerkschaft Metall. Frankfurt 1988, S.33

[20]vgl. Der Spiegel: Mehr Jobs, weniger Geld. Hamburg 44/1993, S.18

[21]vgl. Weis, K: Menschenbilder in der Erlebnispädagogik. In: Erlebnispädagogik: Mode, Methode oder mehr? München 1992, S.49ff

[22]Herrmann, U.: Zum 100. Geburtstag von Kurt Hahn. In: Zum Hundertsten Geburtstag von K. Hahn, Lüneburg 1987, S.65f

[23]Der große Brockhaus Bd. 5: Leipzig 1930, S.645

[24]Drever, J., Fröhlich, W.D.: dtv. Wörterbuch zur Psychologie. München 1974, S.179

[25]vgl. Skowronek H:. Was ist lernen? In: Pädagogische Texte, Interaktion/ Lernen. Stuttgart 1985, S.209

[26]vgl. Comelli, G.: a.a.O. München Wien 1985, S.171

[27]vgl. Comelli, G.: a.a.O. München Wien 1985, S.172 f.

[28]Bauer H. G.: a.a.O. 1984, S.23

[29]vgl.Griese, H.: Erwachsenensozialisation. Weinheim, Basel 1979, S.213

[30]vgl. Hurrelmann, K.: Einführung in die Sozialisationstheorie: über den Zusammenhang von Sozialstruktur und Persönlichkeit. Weinheim, Basel 1986, S.79

[31]Hurrelmann, K.: ebd. 1986, S.72

[32]vgl. Hurrelmann, K.: ebd. 1989, S.72

[33] vgl. Hurrelmann, K.: ebd. 1989, S.72

[34]vgl. Jagenlauf M.: Wirkungsanalyse Outward Bound. In: Erlebnispädagogik: Mode, Methode oder mehr? München 1992, S.77f

[35] vgl. Blaschke D.: Soziale Qualifikationen im Erwerbsleben. Nürnberg 1987, S.146

[36]Hahn, K.: Erziehung zur Verantwortung. Stuttgart: Klett 1958, S 65

[37]Sackmann,G.: Schülerduden Wirtschaft. Mannheim1992, S.289

[38]vgl. Engelhardt, Hans Dietrich: Innovation durch Organisation. München 1991, S.16 ff

[39]Ostenrieder, Mark, Protokoll der Soziologie-Schwerpunkt-Veranstaltung vom 17.10.91 bei Prof. Dr. Engelhardt. FH München Fachbereich Sozialwesen.

[40]vgl. Engelhardt, Hans Dietrich: a.a.O., 1991, S17 ff

[41]vgl. Biehal, F.: LEAN SERVICE. Dienstleistungsmanagement der Zukunft für Unternehmen und Non-Profit Organisationen. Bern 1993, S.28

[42]Kreber, H. Schmieder, A.: Soziologie-Arbeitsfelder, Theorien, Ausbildung. Hamburg 1991, S.26

[43]Kreber, H., Schmieder A.: ebd., 1991 S.27

[44]Beck, U.: Jehnseits von Klasse und Stand? Soziale Ungleichheiten, gesellschaftliche Individualisierungsprozesse und die Entstehung neuer sozialer Formationen und Identitäten. In: Soziale Ungleichheit. Göttingen 1983, S.46

[45]Öchsner, T.: So magern Firmen ab. In: Abendzeitung, München 13. 05.1993, S.4

[46]Engelhardt, Hans Dietrich: a.a.O., 1991, S.166

[47]Barloewen,C.: Japan und der Westen. Band 2, Frankfurt am Main 1986, S.14 .

[48]Takeyoshi; K: Die Japanische Gesellschaft. Familiarismus als Organisationsprinzip. München 1985,S.98

[49]Engelhardt: Hans Dietrich: a.a.O., 1991, S.166

[50]vgl. Zürn, Peter: a.a.O., 1987, S.99 ff

[51]Zürn, Peter: ebd., 1987, S.99

[52]Engelhardt, Hans Dietrich: a.a.O.,1991 S.171

[53]vgl. Comelli, G.: Menschenführung und Organisationsentwicklung. In: Schriftenreihe der Textilverbände Nord-West, Heft 41. Münster 1979, S.37

[54]vgl. Beck, R.: Lernen im Erwachsenenalter-Skript 1,Hauptstudium Pädagogik. München WS 1991/92, S.14

[55]vgl. Wöhe, G.: Einführung in die Allgemeine Betriebswirtschaftslehre. München 1986, S.86

[56]vgl. Carell, E.: Produktionsfaktoren. Bd. 8, S.571ff.

[57]Gutenberg, E: Betriebswirtschaftslehre als Wissenschaft. Kölner Universitätsrede. Krefeld 1961, S.25

[58]vgl. Beck R.: a.a.O., Ws 1991/92, S.10

[59]vgl. Flitner, A.: Mißratener Fortschritt. Pädagogische Anmerkungen zur Bildungspolitik. München 1977, S.23

[60]vgl. Klauder, W.: Längerfristige Arbeitsmarktperspektiven für die Bundesrepublick Deutschland. In: Zukunftswissen und Bildungsperspektiven. Baden-Baden: 1988, S. 67ff.

[61]vgl. Feser, H.D.: Technologische Entwicklung und Qualifikationstrukturelle Wandlung und Anforderungen an das Humankapital. In: Taschenbuch der betrieblichen Bildungsarbeit Hohengehren 1991, S.96

[62]Klauder: W.: a.a.O.,1988, S.89

[63]Meyer-Dohm, P.: Die Bedeutung der Humanressourcen im internationalen Wettbewerb. In: Grundlagen der Weiterbildung. 1. Frankfurt 1990, S.6-7

[64]Kuhlwein, E.: Im Blickpunkt: Weiterbildungspolitik und europäischer Binnenmarkt. In: Berufliche Weiterbildung, Stuttgart 1990, S.4

[65]Koch, A.: Qualifikationsstandort Bundesrepubilk - Milliardeninvestitionen In: Grundlagen der Weiterbildung. 1. Frankfurt 1990, S.1

[66]Süddeutsche Zeitung: Ohne Weiterbildung gehen die Besten von der Fahne. Personalentwicklung in Zeiten der Rezession. Folge 13, München 17./18. 04.1993 Nr. 88. S.74

[67]Süddeutsche Zeitung: ebd., 88/1993 S.74

[68]vgl. Mertens, D.: Das Konzept der Schlüsselqualifikationen als Flexibilitätsinstrument. Literatur und Forschungsreport Weiterbildung (LFrWb), Heft 22. 1988, S.33ff

[69]vgl. Münch, J.: Berufliche Qualifikation und soziale Kompetenz. In: Quo vadis Industriegesellschaft? Perspektiven zu Führungsfragen von morgen. Heidelberg 1984, S.131ff

[70]Treichler, U., Buttgereit M, Holtkamp R.: Hochschulzertifikate in der betrieblichen Einstellungspraxis (BMW-Studien zur Bildung und Wissenschaft). Bad Honnef 1984, S.128

[71]vgl. Dahrendorf, R.: Industrielle Fertigkeiten und soziale Schichtung, Frankfurt 1956, S.540-568

[72]vgl. Kern, H., Schumann, M.: Industriearbeiter und Arbeiterbewußtsein. Frankfurt 1970, S.67f

[73]vgl. Smith, A: Generic Skills in the Reasoning and Interpersonal Domains. Saskatchewan 1974, S.17ff und
vgl. Cardinet, J., Chancerel, J.L.: Identification des Qualifications-clés en Vue de la Construction des Unités Capitalisables. Strasburg 1973

[74]Meisel, Klaus: Schlüsselqualifikationen in der Diskussion. Frankfurt 1989, S.20

[75]Schmidt, Hermann: Der Trend geht zu einer Breite fachlichen Grundausbildungund zur Höherqualifizierung. Handelsblatt, Nr. 41 27.2.1985, S.6

[76]Kayser, M.: Qualifizierung in Beschäftigungsinitiativen-Herausforderung an eine lokale Bildungs-und Beschäftigungspolitik In: Mitteilung aus der Arbeitsmarkt- und Berufsforschung 3/1987. S.318

[77]vgl. Strombach, Manfred E.: Personalentwicklung. Würzburg 1992, S.28

[78]Watzlawick P.: Warum Organisationen "Krank" werden-Die Notwendigkeit nichthierarchischer Kommunikation: In: Forum 02.92, S.25

[79]vgl. Löhmer, Cornelia u.a.: TZI: pädagogisch-therapeutische Guppenarbeit nach Ruth Cohn. Stuttgart 1992, S.47

[80]Löhmer, Cornelia u.a.: ebd., 1992, S.344

[81]vgl. Löhmer, Cornelia u.a.: ebd., 1992, S.39-44

[82]vgl. Löhmer, Cornelia u.a.: ebd., 1992, S.39

[83]vgl. Löhmer, Cornelia u.a.: ebd., 1992, S.74-75

[84]vgl. Löhmer, Cornelia u.a.: ebd., 1992, S.70-74

[85]vgl. Langmaack, B.: Themenzentrierte Interaktion. Einführende Texte rund ums Dreieck. Weinheim 1991, S.23

[86]vgl. Langmaack, B.: ebd., 1991, S.16

[87]Cohn, Ruth, In: Langmaack, B.: Themenzentrierte Interaktion. Einführende Texte rund ums Dreieck. Weinheim 1991, S.1

[88]Cohn, R. C., Farau, A.: Gelebte Geschichte der Psychotherapie. Stuttgart 1984, S.357 f

[89]Cohn, R. C.: Von der Psychoanaslyse zur Themenzentrierten Interaktion. Stuttgart 1975, S.120

[90]Chon, R. C./Farau,A.: a.a.O., 1984, S.384

[91]Langmaack, B.: a.a.O., 1991 S.78

[92]vgl. Langmaack ,B.: ebd., 1984, S.80

[93]Cohn, R. C.: a.a.O., 1975, S.121

[94]vgl. Löhmer, Cornelia u.a.: a.a.O. ,1992, S.76ff

[95]vgl. Löhmer, Cornelia u.a: ebd., 1992, S.375
[96]Weinholz, Matthias: a.a.O., 1989, S.87
[97]Weinholz, Matthias: ebd., 1989, S.134
[98]Langmaack , B., a.a.O., 1991, S.129
[99]vgl. Löhmer, Cornelia u.a.: a.a.O., 1992, S.386
[100]vgl. Langmaack, Barbara: a.a.O, 1991, S.24
[101]vgl. Langmaack, Barbara: ebd., 1992, S.24
[102]vgl. Langmaack, Barbara: ebd., 1991, S.128ff
[103]vgl. Müller-Schöll, A.: Sozialmanagement. Berlin 1992, S.128
[104]vgl.Strombach, E.: Personalentwicklung, Würzburg 1992, S.16
[105]Malcher, Jutta: Gruppen nicht ohne Dynamik. München 1977, S.13
[106]Malcher, Jutta: ebd., 1977 S.43 f
[107]Belz, H.: Auf dem Weg zu einer arbeitsfähigen Gruppe / Prozeßberichte aus TZI-Gruppen. Mainz. 1988, S.33
[108]Schleske W.: Abenteuer-Wagnis-Risiko im Sport. Schorndorf 1977, S.105
[109]vgl. Comelli G.: a.a.O. München Wien 1985, S.234
[110]vgl. Bühler J.: Das Problem des Transfers. In: Deutsche Jugend, 2/1986 S.75
[111]vgl. Sader, M. Schäuble, W. Theis, W.: Verbesserung von Interaktion durch Gruppendynamik. Münster 1976, S.138
[112]vgl. Evangelische Kirche in Deutschland / Kammer für Soziale Ordnung: Arbeiten, Leben und Gesundheit. Perspektiven, Forderungen und Empfehlungen zum Gesundheitschutz am Arbeitsplatz. Gütersloh1990, S 44f
[113]vgl. Roth W.: Mehr Zufriedenheit - bessere Leistung - größerer Gewinn. Landsberg 1987, S.135
[114]Bauer, H.G., Brater M., Büchele U.: Erlebnispädagogik in der beruflichen Bildung. Großhesselohe 1984, S.28
[115]Bauer, H.G., Brater M., Büchele U.: ebd., 1984, S.28
[116]Bauer, H.G., Brater M., Büchele U.: ebd., 1984, S.28
[117]Bauer, H.G., Brater M., Büchele U.: ebd., 1984, S.31
[118]Bauer, H.G., Brater M., Büchele U.: ebd., 1984, S.28
[119]Bauer, H.G., Brater M., Büchele U.: ebd., 1984, S.31-32
[120]Bauer, H.G., Brater M., Büchele U.: ebd., 1984, S.33
[121]Bauer, H.G., Brater M., Büchele U.: ebd., 1984, S.33
[122]Bauer, H.G., Brater M., Büchele U.: ebd., 1984, S.35
[123]Bauer, H.G., Brater M., Büchele U.: ebd., 1984, S.35

[124] Bauer, H.G., Brater M., Büchele U.: ebd., 1984, S.53
[125] Bauer, H.G., Brater M., Büchele U.: ebd., 1984, S.53
[126] Bauer, H.G., Brater M., Büchele U.: ebd., 1984, S.54
[127] Bauer, H.G., Brater M., Büchele U.: ebd., 1984, S.56
[128] Bauer, H.G., Brater M., Büchele U.: ebd., 1984, S.58
[129] Bauer, H.G., Brater M., Büchele U.: ebd., 1984, S.58
[130] Bauer, H.G., Brater M., Büchele U.: ebd., 1984, S.59
[131] Weinholz, Matthias: a.a.O., 1989, S.95
[132] Bauer, H.G., Brater M., Büchele U.: a.a.O., 1984, S.59
[133] Bauer, H.G., Brater M., Büchele U.: ebd., 1984, S.63
[134] Bauer, H.G., Brater M., Büchele U.: ebd., 1984, S.98
[135] Bauer, H.G., Brater M., Büchele U.: ebd., 1984, S.98
[136] Bauer, H.G., Brater M., Büchele U.: ebd., 1984, S.99
[137] Bauer, H.G., Brater M., Büchele U.: ebd., 1984, S.99
[138] Bauer, H.G., Brater M., Büchele U.: ebd., 1984, S.99
[139] Bauer, H.G., Brater M., Büchele U.: ebd., 1984, S.100
[140] Bauer, H.G., Brater M., Büchele U.: ebd., 1984, S.100f
[141] Bauer, H.G., Brater M., Büchele U.: ebd., 1984, S.101
[142] Bauer, H.G., Brater M., Büchele U.: ebd., 1984, S.79
[143] Bauer, H.G., Brater M., Büchele U.: ebd., 1984, S.80
[144] Bauer, H.G., Brater M., Büchele U.: ebd., 1984, S.80f
[145] Bauer, H.G., Brater M., Büchele U.: ebd., 1984, S.82
[146] vgl. Harder, G.: Anforderungsprofil an Erlebnispädagogen/innen. In: Erlebnispädagogik: Mode, Methode oder mehr? München 1992, S.137f
[147] Harder, G.:ebd. München 1992, S.138
[148] vgl. Harder, G.: ebd. München 1992, S.138
[149] vgl. Strombach, M. E.: Personalentwicklung. Würzburg 1992, S.105
[150] vgl. Arbeitgeberverband-Gesamtmetall: Mensch und Arbeit. Gemeinsame Interessen von Mitarbeitern und Unternehmen in einer sich wandelnden Arbeitswelt. Köln 1989, S.21
[151] vgl. Roth, W.: a.a.O., 1987, S.35f

Arbeitgeberverband-Gesamtmetall: Mensch und Arbeit. Gemeinsame Interessen von Mitarbeitern und Unternehmen in einer sich wandelnden Arbeitswelt, Köln, 1989,

Barloewen, C.: Japan und der Westen, Frankfurt am Main, 1986

Bauer, H.G., **Brater**, M., **Büchele,** U.: Erlebnispädagogik in der beruflichen Bildung, Erfahrungen aus dem Ford- Förderprogromm,Großhesselohe, 1984

Bauer, H. G.: Erlebnis- und Abenteuerpädagogik. Eine Literaturstudie. Großhesselohe, 1984

Bauer, H. G.: Erlebnispädagogik im Atomzeitalter. Oder: Von Versuchen den Bildungsbegriff zu erweitern. In: Erlebnispädagogik in der sozialen Arbeit, Lüneburg, 1989

Beck, R.: Skript 1 Lernen im Erwachsenenalter Hauptstudium Pädagogik, München , Ws 1991/92,

Beck, U.: Jehnseits von Klasse und Stand? Soziale Ungleichheiten, gesellschaftliche Individualisierungsprozesse und die Entstehung neuer sozialer Formationen und Identitäten. In: Soziale Ungleichheit. Göttingen, 1983

Bedacht, A., u.a.: Erlebnispädagogik: Mode, Methode oder mehr? München, 1992

Belardi, N., u.a.: Didaktik und Methodik zur sozialen Arbeit. München, 1980

Belz, H.: Auf dem Weg zu einer arbeitsfähigen Gruppe / Prozeßberichte aus TZI-Gruppen, Mainz, 1988

Beetz, M., **Steinecke-Fittkau**, V.: Arbeitsbedingte Erkrankungen von Frauen in der Metallwirtschaft. Schriftenreihe Arbeitssicherheit Industriegewerkschaft Metall, Frankfurt a. M.,1988

Biehal, F.: LEAN SERVICE. Dienstleistungsmanagement der Zukunft für Unternehmen und Non-Profit-Organisationen, Bern, 1993

Blake, R.R.: Super Teamwork. Bedeutung, Erfassung und Gestaltung. Landsberg, 1987

Blaschke, D.: Soziale Qaulifikation im Erwerbsleben. Theoretisches Konzept und empirische Ergebnisse. In: Reihe Beiträge zur Arbeitsmarkt- und Berufsforschung. Institut für Arbeitsmarkt- und Berufsforschung der Bundesanstalt für Arbeit, Nürnberg, 1987

Brockhaus, Der große Bd. 5. Leipzig 1930

Bühler, J.: Das Problem des Transfers. Kritisches zur erlebnisorientierten Kurzzeitpädagogik. In: Deutsche Jugend. Zeitschrift für die Jugendarbeit (1986) Nr. 2

Cardinet, J., **Chancerel**, J.L.: Identification des Qualifications-clés en Vue de la Construction des Unités Capitalisables, Strasburg, 1973

Carell, E.: Allgemeine Volkswirschaftslehre, 14. Aufl., Heidelberg 1972

Cohn, R., C.: Von der Psychoanaslyse zur Themenzentrierten Interaktion, Stuttgart, 1975

Cohn, R., C., **Farau**, A.: Gelebte Geschichte der Psychotherapie, Stuttgart, 1984

Comelli, G.: Menschenführung und Organisationsentwicklung, Schriftenreihe der Textielverbände Nord-West, Heft 41, Münster, 1979

Comelli, Gehrhard: Training als Beitrag zur Organisationsentwicklung, München Wien, 1985

Dahrendorf, R.: Industrielle Fertigkeiten und soziale Schichtung, Frankfurt, 1956

Domeyer, V., **Funder**, M.: Kooperation als Strategie. Eine empirische Studie zu Gründungsprozessen, Organisationsformen, Bestandsbedingungen von Kleinbetrieben. Köln

Drever, J., **Fröhlich**, W.D.: dtv Wörterbuch zur Psychologie München 1974

Dürr, W.: Personalentwicklung und Weiterbildung in der Unternehmenskultur. Baltmannsweiler, 1988

Engelhardt, Hans Dietrich: Innovation durch Organisation, München, 1991

Evangelische Kirche in Deutschland / Kammer für Soziale Ordnung, Arbeiten, Leben und Gesundheit. Perspektiven, Forderungen und Empfehlungen zum Gesundheitschutz am Arbeitsplatz. Gütersloh, 1990

Faulstich, u.a.: Weiterbildung für die 90er Jahre. Gutachten über zukunftsorientierte Angebote, Organisationsformen und Institutionen. Weinheim und München, 1992

Feser, H.-D.: Technologische Entwicklung und Qualifikationstrukturelle Wandlung und Anforderungen an das Humankapital, In: Taschenbuch der betrieblichen Bildungsarbeit, Hohengehren, 1991

Flitner, A.: **Mißratener Fortschritt**, Pädagogische Anmerkungen zur bildungspolitik, München, 1977

Fröhlich, W.: Personalführung, Führungsstil, Mitarbeiterbeurteilung, Motivation-Sozialleistungen, Vorschlagswesen, Organisation. München, 1990

Fromm, H.: Erfolgreiche Kooperation im Unternehmen, Landsberg/Lech, 1986

Gesamtverband der metallindustriellen Arbeitgeberverbände -Gesamtmetall: Mensch und Arbeit. Gemeinsame Interessen von Mitarbeitern und Unternehmen in einer sich wandelnden Arbeitswelt. Köln, 1989

Griese, H.: Erwachsenensozialisation, Weinheim, Basel, 1979

Gutenberg, E.: Betriebswirtschaftslehre als Wissenschaft, Kölner Universitätsrede, 2. Aufl., Krefeld 1961

Hahn, K.: Erziehung zur Verantwortung, Stuttgart,1958

Holzapfel, G.: Erfahrungsorientiertes Lernen mit Erwachsenen: didaktisches. Handeln am Beispiel Bildungsurlaub. 1982

Hurrelmann, K.: Einführung in die Sozialisationstheorie: über den Zusammenhang von Sozialstruktur und Persönlichkeit. Weinheim, Basel, 1986

Kern, H., **Schumann**, M.: Industriearbeiter und Arbeiterbewußtsein, Frankfurt, 1970

Kaiser ,A.: Wie arbeiten lebensweltorientierte Ansätze? In: Grundlagen der Weiterbildung. 1990

Kayser, M.: Qualifizierung in Beschäftigungsinitiativen, Herrausforderung an eine lokale Bildungs- und Beschäftigungspolitik, In: Mitteilung aus der Arbeitsmarkt und Berufsforschung, Nürnberg, 3/1987

Kern, H., **Schumann**, M.: Industriearbeiter und Arbeiterbewußtsein, Frankfurt, 1970

Kettenbach, G.: Das Segelboot - Ursymbol der Kirche, Therapie und Persönlichkeitsbildung durch Segeln, Lüneburg, 1985

Klauder, W.: Längerfristige Arbeitsmarktperspektiven für die Bundesrepublik Deutschland. In: Zukunftswissen und Bildungsperspektiven, Baden -Baden, 1988

Klupp, Anita: Planen Managen Trainieren, München, 1992

Koch, A.: Qualifikationsstandort Bundesrepublik - Milliardeninvestitionen in Grundlagen der Weiterbildung, Frankfurt, 1990

Kreber, H., **Schmieder**, A.: Soziologie Arbeitsfelder, Theorien, Ausbildung, Hamburg, 1991

Kreckel, F.: Miteinander etwas tun - sozialpsychologische Hinweise zur Erlebnispädagogik, In: Jugendschutz heute. Fachzeitschrift für Jugendschutz, 2/90

Kuhlwein, E.: Im Blickpunkt: Weiterbildungspolitik und europäischer Binnenmarkt. In Berufliche Weiterbildung. Grundlagen der Weiterbildung. Frankfurt, 1990,

Langmaack, B.: Themenzentrierte Interaktion: einführende Texte rund ums Dreieck, Weinheim, 1991

Lehmann Rolf G.: Forum Aus- und Weiterbildung. Dokumentation der Beiträge im Aus- und Weiterbildungszentrum Didacta '91 Düsseldorf, Frankfurt a. M., 1991

Löhmer, Cornelia u.a.: TZI: pädagogisch-therapeutische Guppenarbeit nach Ruth Cohn, Stuttgart, 1992

Malcher, Jutta: Gruppen nicht ohne Dynamik, München 1977,

Marx, K.: Thesen über Feuerbach (1845), Berlin (DDR), 1969

Meisel, Klaus, u.a.: Schlüsselqualifikationen in der Diskussion, Frankfurt,1989

Mente, A., **Spittler**, H. D.: Erlebnisorientierte Gruppenpsychotherapie. Eine wirksame Methode der klientenzentrierten Behandlung von Verhaltenstörungen. Paderborn, 1980

Mertens, D.: Das Konzept der Schlüsselqualifikationen als Flexibilitätsinstrument; In: Literatur- und Forschungsreport Weiterbildung, Heft 22, 1988

Müller-Schöll, A., **Priepke**, M.: Sozialmanagement: zur Förderung systhematischen Entscheidungens, Planens, Organisierens, Führens und Kontrollierens in Gruppen, Berlin, 1992

Münch, J.: Berufliche Qualifikation und soziale Kompetenz, In: Quo vadis Industriegesellschaft? Perspektiven zu Führungsfragen von morgen, Heidelberg, 1984

Meyer-Dohm, P.: Die Bedeutung der Humanressourcen im internationalen Wettbewerb. In: Grundlagen der Weiterbildung, Frankfurt, 1990

Öchsner, T: So magern Firmen ab, In: Abendzeitung, München 13. 05.1993

Opaschowski, H.W.: Pädagogik und Didaktik der Freizeit, Bochlot 1990

Ostenrieder, Mark: Protokoll der Soziologie-Schwerpunkt-Veranstaltung, vom 17.10.91 bei Prof. Dr. Engelhardt, FH München Fachbereich Sozialwesen.

Outward Bound: Outward Bound - Persönlichkeitsbildung durch Erlebnispädagogik - Berichte und Materialien 5/88. München, 1988

Pauer, Erich: Japans Aufstieg zur Weltwirtschaftsmacht. In: Japan, Stuttgart, 1985

Reimann; H., u.a.: Basale Soziologie: Hauptprobleme. Opladen, 1984

Reimann; H., u.a.: Basale Soziologie: Theoretische Modelle. Opladen, 1985

Reiners, A.: Praktische Erlebnispädagogik. Neue Sammlung motivierender Interaktionsspiele, München, 1993

Röhrs, H.: Schulen der Reformpädagogen. Düsseldorf, 1986

Roth, W.: Mehr Zufriedenheit - bessere Leistung - größerer Gewinn: praxisbewährte Methoden zur Steigerung der Leistung und Einsatzbereitschaft der Mitarbeiter. Landsberg/Lech, 1987

Sackmann, G.: Schülerduden Wirtschaft, Mannheim,1992

Sader, M., **Schäuble,** W., **Theis**, W.: Verbesserung von Interaktion durch Gruppendynamik, Münster, 1976

Sandner-Heber, D.M.: Freizeitpädagogik zwischen Emanzipatorischen Zielen und Pragmatischen Orientierungen, Lüneburg, 1988

Sattler, A.: Teamfähiger werden: Anleitung für Fach- und Führungskräfte. Köln, 1990

Schleske, W.: Abenteuer-Wagnis-Risiko im Sport, Schorndorf, 1977

Schmidt, Hermann: Der Trend geht zu einer breite fachlichen Grundausbildung und zur Höherqualifizierung, In:Handelsblatt, Nr. 41 27.2.1985

Schmitz, E.: Erwachsenenbildung als lebensweltbezogener Erkenntisprozeß. In: Erwachsenenbildung (Enzyklopädie Erziehungsswissenschaften Bd.11), Stuttgart, 1984

Schütz, A., **Luckmann**, T.: Strukturen der Lebenswelt, Frankfurt. 1979

Schwarz. K.: Die Kurzschulen Kurt Hahns. Ihre pädagogische Theorie und Praxis. Reihe Heidelberger Studien zur Erziehungswissenschaft, Ratingen,1968

Seits, K.: Die japanisch-amerikanische Herausforderung. Landsberg, 1990

Serveran-Schreiber, J-J.: Die amerikanische Herausforderung. Hamburg, 1969

Skowronek, H.: Was ist lernen? In: Pädagogische Texte, Interaktion/ Lernen, Stuttgart, 1985

Smith, A., et.al.: Generic Skills in the Reasoning and Interpersonal Domains, Saskatchewan, 1974

Spiegel, Der.: Mehr Jobs, weniger Geld, Hamburg 44/1993

Strombach Manfred E.: Personalentwicklung, Würzburg 1992

Süddeutsche Zeitung: Ohne Weiterbildung gehen die Besten von der Fahne, Personalentwicklung in Zeiten der Rezession, Folge 13 München 17./18. 04.1993

Takeyoshi, K.: Die Japanische Gesellschaft. Familiarismus als Organisationsprinzip; München, 1985

Treichler,.U., **Buttgereit,** M., **Holtkamp**, R.: Hochschulzertifikate in der betrieblichen Einstellungspraxis (BMW-Studien zur Bildung und Wissenschaft). Bad Honnef, 1984

Tuleja, Ted: Ethik und Unternehmensführung. Landsberg, 1987

Watzlawick, P.: Warum Organisationen "Krank" werden-Die Notwendigkeit nichthierarchischer Kommunikation, In: Forum, 02.92

Weinholz Matthias: Freiluftleben - Eine erlebnispädagogische Lebensphilosophie und ihrer Chancen bei der Entwicklung junger Menschen, Lüneburg, 1989

Wöhe, G.: Einführung in die Allgemeine Betriebswirtschaftslehre, München, 1986

Ziegenspeck, J.: Kurt Hahn. Erinnerungen- Gedanken- Aufforderungen. Beiträge zum hundersten Geburtstag des Reformpädagogen, Lüneburg, 1987

Zürn, Peter: Japan zwischen Yen und Zen: vom Geist und Stil der Söhne der Samurei, Landsberg/Lech, 1987

Die Autoren:

Mark Ostenrieder, Dipl.Sozpäd.(FH), Jahrgang 1966, lebt in Landsberg am Lech. Er studierte an der Fachhochschule München im Fachbereich Sozialwesen mit dem Schwerpunkt betriebliche Sozialarbeit und Sozialmanagement. Schon während des Studiums arbeitete er im Bereich der Erlebnispädagogik und nahm als Betreuer an unterschiedlichen Maßnahmen für Jugendliche teil. Heute arbeitet er als freier Trainer.

Michael Weiß, Dipl. Sozpäd.(FH), Jahrgang 1959, lebt in Dießen am Ammersee. Ausbildung zum Nachrichtengerätemechaniker und Informationselektroniker. Anschließend über den 2. Bildungsweg Studium an der Fachhochschule München im Fachbereich Sozialwesen mit dem oben genannten Schwerpunkt. Wie auch Mark Ostenrieder, arbeitete er schon während des Studiums im Bereich der Erlebnispädagogik als Co.-Trainer, heute arbeitet er als freier Trainer.

Gemeinsam bieten die Autoren Weiterbildungen in den Bereichen der Jugend- und Erwachsenenbildung sowie in Personal- und Organisationsentwicklung an.

FACHHOCHSCHULSCHRIFTEN
Prof. Dr. Jürgen Sandmann

Franz Will
Die Last der Selbstbestimmung.
Widersprüche in Sozialarbeit, Strafjustiz und Psychiatrie.
(Band 17) 1993. 240 S. 28,- DM
ISBN 3-929221-14-4

Hans Dietrich Engelhardt
Innovation durch Organisation
Unterwegs zu problemangemessenen Organisationsformen
(Band 6) 1991. 295 S. 36,- DM
ISBN 3-929221-04-7

Andreas Bedacht, Wilfried Dewald, Bernd Heckmair, Werner Michl, Kurt Weis (Hrsg.)
Erlebnispädagogik: Mode, Methode oder mehr?
Tagungsdokumentation des Forums Erlebnispädagogik
(Band 12) 2. Aufl. 1994. 207 S. 28,- DM
ISBN 3-929221-09-8

Gotthart Schwarz (Hrsg.)
Profil und Professionalität.
Praxis der Sozialarbeit im Umbruch.
(Band 16) 1993. 372 S. 39,- DM
ISBN 3-929221-12-8

Korbinian Höchstetter, Ludwig Gunkel, Reinhilde Beck, Margarete Szpilok (Hrsg.)
Gesundheitsförderung im Betrieb.
Neue Antworten auf neue Herausforderungen.
(Band 15) 2. Aufl. 1994. 266 S. 36,- DM
ISBN 3-929221-11-X

Koordination: Brigitte Warmhold Berberichweg 8 81245 München
Telefon: (089) 8 63 26 40 Telefax: (089) 8 63 26 49

Und so wird Ihre Bestellung schnell ausgeführt:
Rufen Sie uns an: (089) 8 63 26 40 oder Fax: (089) 8 63 26 49
Sie können Ihre Bestellung auch auf Anrufbeantworter sprechen. Bitte geben Sie hierzu Name, Anschrift, Telefonnummer, Autor und gewünschten Titel an. Wir liefern umgehend gegen Rechnung.
Oder schicken Sie Ihre Bestellung an: Brigitte Warmhold, Berberichweg 8, 81245 München, Telefon: (089) 8 63 26 40

Ab DM 100,- Bestellsumme liefern wir portofrei, ansonsten werden DM 4,50 Porto berechnet.